DIANWANG QIYE RENLI ZIYUAN GUANLI
ERP HR DE YANJIU YU YINGYONG

电网企业人力资源管理

——ERP HR 的研究与应用

钱仲文　王锋华　张旭东　琚　军　等　编著

中国电力出版社
CHINA ELECTRIC POWER PRESS

内 容 提 要

现代人力资源管理的重心已从"人事管理"过渡到"人才管理"，管理思路与方式发生颠覆性的变化。面对新形势，电网企业作为传统大型企业的代表，同样也在积极寻求人力资源管理的变革。本书是国网浙江省电力有限公司运营监测（控）中心对电网企业近年来人力资源管理最佳实践经验的阶段性总结。全书从"人"这一主体入手，覆盖组织管理、员工管理、薪酬福利管理、绩效管理、培训与开发管理、统计分析方面的概念、业务流程和应用情况，同时在 ERP HR 部分业务方面开展了数据价值挖掘的有效实践。

本书可供电网企业各级管理人员和人力资源岗位业务人员学习查阅，也可为其他行业 ERP 从业人员提供参考依据。

图书在版编目（CIP）数据

电网企业人力资源管理:ERP HR 的研究与应用 / 钱仲文等编著 . —北京：中国电力出版社，2019.1

ISBN 978-7-5198-2916-2

Ⅰ．①电…　Ⅱ．①钱…　Ⅲ．①电力工业—工业企业管理—人力资源管理—研究—中国

Ⅳ．① F426.61

中国版本图书馆 CIP 数据核字（2019）第 011826 号

出版发行：中国电力出版社
地　　址：北京市东城区北京站西街 19 号（邮政编码 100005）
网　　址：http：//www.cepp.sgcc.com.cn
责任编辑：孙　芳（010-63412381）
责任校对：黄　蓓　闫秀英
装帧设计：王英磊
责任印制：吴　迪

印　　刷：三河市万龙印装有限公司
版　　次：2019 年 3 月第一版
印　　次：2019 年 3 月北京第一次印刷
开　　本：710 毫米 ×1000 毫米　16 开本
印　　张：7.25
字　　数：153 千字
定　　价：48.00 元

编　委　会

根据电网企业人力资源管理工作管理范围，以各项管理业务模块开展先后顺序为主线，本书划分为以下 8 个章节对人力资源管理包括"组织管理""员工管理""薪酬福利管理""绩效管理""培训与开发管理""统计分析""ERP HR 业务数据的价值挖掘"各业务相应系统应用解决方案分别进行阐述。

第 1 章：电网企业人力资源管理应用概述。本章通过介绍电网企业人力资源管理业务的发展历程，指出电网企业人力资源管理业务对信息化支撑的迫切需求，回顾电网企业引入 ERP HR 系统应用的过程和作用。

第 2 章：组织管理。本章主要介绍电网企业人力资源管理中的组织管理业务模块，讲述组织管理的基本概念及工作流程，并介绍 ERP HR 中组织机构管理、部门管理、岗位管理、定员管理等具体业务对应的应用功能。

第 3 章：员工管理。本章主要介绍员工管理的概念及其业务流程，并介绍 ERP HR 中对员工入职企业、调动升迁、离开企业以及日常人事信息管理的一系列业务的应用解决方案。

第 4 章：薪酬福利管理。本章主要介绍薪酬管理、福利管理相关的基本概念及其业务流程，并介绍了 ERP HR 中对于薪酬信息管理、薪酬计算、薪酬发放的管理流程及社会保险管理，福利保障项目管理等业务的应用解决方案。

第 5 章：绩效管理。本章主要介绍绩效管理的相关概念及其业务流程，并介绍 ERP HR 从组织绩效与员工绩效两个角度，实现绩效目标制定、绩效合同签约、绩效成绩考核、绩效成绩兑现等各阶段绩效管理业务的应用解决方案。

第 6 章：培训与开发管理。本章主要介绍培训与人才管理相关概念及其业务流程，从培训实施、人才开发两类业务角度介绍 ERP HR 对于培训项目、课程、评价等培训过程进行管理和各类人才开发的应用解决方案。

第 7 章：统计分析。本章主要介绍统计分析相关管理业务，并介绍 ERP HR 为员工与管理人员分别提供的自助服务与统计分析应用功能，利用信息化手段提高员工管理参与感，协助专业管理人员提高人力资源管理分析效率，为人事管理工作与辅助决策提供便利条件。

第 8 章 : ERP HR 业务数据的价值挖掘。本章主要介绍 ERP HR 在电网企业业务数据价值挖掘方面的应用案例。

编者

2019 年 3 月

概　述

本章主要介绍我国电网企业人力资源管理发展的历程、人力资源管理的特点及其内容，总结人力资源管理中存在的不足，阐明电网人力资源管理对信息化建设的迫切需求。同时对 ERP HR 在电网企业的实施之路及其带来的管理变革进行描述，并简要说明 ERP HR 的应用解决方案。

1.1　电网企业人力资源管理的发展

1.1.1　电网企业人力资源管理的历程

人力资源是指在一定范围内的人所具有的劳动能力的总和，即能够推动整个经济和社会发展的、具有智力劳动和体力劳动的总和。

人力资源管理是指根据企业发展战略的要求，有计划地对人力资源进行合理配置，通过对企业中员工的招聘、培训、使用、考核、激励、调整等一系列过程，调动员工的积极性，发挥员工的潜能，为企业创造价值，给企业带来效益。

人力资源管理发展主要经历了以下四个阶段❶：

（1）人事管理阶段（1990 年以前）。人事管理的基本含义就是指为了完成组织的任务，对组织中涉及人与事的关系进行专门化管理。这一管理理念在中国 20 世纪 90 年代前的国有企业尤为盛行，电力企业亦是其中典型的实践者。其特点是以"事"为中心，只见"事"不见人，把人设为一种成本和工具，注重的是投入使用和控制。此阶段的人事管理工具主要以采用人事档案等纸质文档记录为主。

（2）人力资源管理阶段（1990—2000 年）。随着跨国企业的逐步引入以及现代企业对"人"管理新实践的发展，国有企业对人的管理逐渐进入人力资源管理阶段。电网企业亦在这个阶段进入全新的人力资源管理探索，并逐步将人力资源管理的目标与组织的竞争力、生存能力、竞争优势等联系起来，将人力资源管理职能与其他管理职能置于同等重要的地位。在此阶段的人力资源管理工具逐渐由纸质文档记录为主转变为结构化数据存储的方式，多借助单机版简易系统记录员工信息。

（3）战略性人力资源管理阶段（2001—2014 年）。"战略性人力资源管理"这一理念的提出，将人力资源管理从为企业日常运行服务的执行角度提升至为企业发展战略服务

---

❶ 参考《国有电力企业人力资源管理现状及提升方案简析（杨博）》。

的高度。此阶段的人力资源管理需综合组织行为学、劳动关系以及人事行政管理等多项学科要求，并扩展为影响组织和员工之间关系的所有管理决策和活动。其主要特点是人力资源管理的战略制定和实施必须与企业的发展战略相一致，从长远的角度规划人力资源管理。此阶段的人力资源管理多借助信息化手段，使用国内外主流软件支撑业务开展。

（4）人才管理阶段（2015年至今）。从2011年起，人力资源管理逐步转型并进入后战略性人力资源管理阶段，即人才管理阶段。人力资源管理被看做是一个整体，而不再被割裂成模块，其管理目标是实现公司发展过程中持续的人才供应，人力资源部门的业务重心转向吸引、招募、发展、管理和留任人才，更加强化人力资源的战略地位。目前，随着大数据技术的兴起，人力资源管理也开始借助大数据分析技术，实现对人才的实时分析和科学评价，以满足电网企业人才队伍建设工作要求。

1.1.2 电网企业人力资源管理的特点

电网企业的生产过程主要包括发电、输电、变电、配电、用电等部分，这种生产过程决定了特定的人员结构需要。此外电力行业属于资产和技术密集型行业，生产的现代化程度很高，人员配置也以专业人才为主。当前的电网企业，其人力资源特征及现状可以作如下的概括：

（1）用工形式多样。电网企业存在着无固定期限合同用工与有固定期限合同用工等，有固定期限用工又包括长期劳动合同和短期劳动合同用工，用工形式较多。

（2）专业性要求较高。电网企业工作性质较为特殊，对高电压等级、带电作业、继电保护、自动化等岗位的专业性要求较高，但受结构性缺员的制约，会有部分人员专业不对口的情况。

（3）人力资源结构稳定。"定员、定编、定岗"的管理和全员绩效考核工作已基本成型，人力资源组织架构与人员结构组成整体较为稳定，但人才的内外部灵活流动略微欠缺。

（4）多元人才需求迫切。受社会责任、经济责任、政治责任等方面的影响，电网企业对人员储备仍以理工科人才偏多，管理经营类人才较少，对高层次尤其是复合型人才需求迫切。

1.1.3 电网企业人力资源管理的内容

电网企业人力资源管理是"全业务"的管理模式，涵盖了电网企业的人力资源规划与计划管理、劳动组织管理、招聘与配置管理、劳动用工管理、培训与人才开发、绩效管理、薪酬管理、福利保障管理等内容，通过制定规范、统一的管控标准，实现人力资源的集约化管理。

电网企业人力资源管理主要包括以下八项内容：

（1）规划与计划管理。人力资源规划与计划管理包括人力资源中长期规划、人力资源年度计划的编制、滚动修订、应用落实、监测评估等。其中，人力资源年度计划主要涵盖用工计划、培训计划、工资总额计划等内容，用于指导员工招聘与员工配置管理、培训与人才开发管理、薪酬管理等工作。

（2）劳动组织管理。包括机构编制管理、岗位管理和劳动定员管理，其中，劳动定员管理主要依据设备电网企业服务地域特点、资产规模、经营规模、设备特征等因素开展定员测算。

（3）招聘与员工配置。员工招聘与员工配置管理包括员工入职管理、配置管理、离职管理等，其中，员工招聘主要是指根据招聘计划以及专项补员计划开展招聘工作，人员配置主要是指人员的流动管理，即内部人力资源市场管理。

（4）劳动用工管理。劳动用工管理主要是根据相关政策法规，坚持控制总量、调整结构的原则，以盘活存量为主，推广业务委托，依法规范劳务派遣和非全日制用工。核心岗位使用长期合同用工，一般和通用岗位可依法使用劳务派遣用工或相应业务实施外包。

（5）培训与人才开发。包括员工培训、人才开发与人才评价等。其中，人才评价涵盖了各级各类优秀人才选拔与年度考核、职业技能鉴定和专业技术资格的认（评）定。

（6）绩效管理。包括组织月度和年度绩效考核、指标维护、中层领导年度绩效考核、组织和个人年度绩效考核，绩效考核结果通过薪酬激励制度，在薪酬管理中得以应用。

（7）薪酬管理。主要指根据工资总额计划及相关的薪酬管理制度，结合组织及员工绩效，开展员工薪酬分配及企业负责人薪酬管理工作，重点关注薪酬制度的完善、薪酬的核算与发放、人工成本与工资总额的统计和监控等。

（8）福利保障管理。是对福利项目的管理，包括福利项目报销、支付管理等。福利保障是指企业为员工提供的除工资、奖金、津贴、纳入工资总额管理的补贴、员工教育经费以外的福利保障待遇。

1.2　电网企业人力资源管理信息化的迫切需求

电网企业人力资源管理方面，存在用工形式多、用工数量大、薪酬分配制度灵活多样、人员稳定性及专业性要求较高等特点。因此，人力资源管理部门在开展各项工作时都迫切需要信息化手段来支撑，其必要性主要表现在以下四个方面：

（1）有助于提高人力资源管理的工作效率。人力资源管理活动中的工资计算与处理、员工信息管理、报表统计分析等日常业务需要持续占据人力资源管理工作者的大量时间，传统的手工操作不仅效率低下，且容易出错。信息技术在人力资源管理中的应用，将大大降低例行事务占用人力资源管理工作者时间的比例，从而将其从繁琐的日常事务中解脱出来。在大幅提高人力资源管理工作效率的同时，能够使管理人员有更多的时间用于思考深层次的问题，为企业战略决策提供支撑。

（2）有助于规范人力资源管理业务流程。人力资源管理业务流程主要包括员工招聘流程、员工调动流程、员工退休流程、员工离职流程、绩效考核流程等。通过信息化手段将有关人力资源管理的分散信息都紧密集中在一起并进行管理和分析，可以优化人力资源管理业务流程，使得人力资源管理运作体系更加完善，也使得信息流得以加速且更加顺畅。人力资源管理信息系统不仅能够将人力资源管理部门的岗位职能完全覆盖并划分清楚，而且能够将经过优化的业务流程在信息系统中得以体现。

（3）有助于降低企业管理成本。电网企业人力资源管理信息化，有助于企业在人力资源管理过程中降低管理成本。例如，在员工培训方面，员工可以"在线"随时随地接受培训，节省浪费在路程上的时间，降低差旅费用，有效节约培训成本。在岗位评估及绩效考核方面，通过信息系统，各级领导可及时查阅下属员工定期提交的月度计划，并进行评估、指导和监督，从而降低评估及考核成本。在薪酬核算方面，借助信息技术，基于已有的薪酬分配制度，快速且准确地计算工资、奖金等，避免了因手工计算可能引起的重复性工作和偏差，从而降低薪酬核算成本。

（4）有助于提升人才管理工作水平。电网企业人力资源管理实现信息化后，可通过信息系统对员工进行评价、选拔、培养、任用、考核和激励，有效减少人为的主观因素，体现企业在选人、育人和用人方面的公平性原则，从而能够更好地开展人才管理工作。同时，人力资源管理信息化使员工得到充分的授权，它所提供的透明的、简便易查的信息获取方式将提升员工对人力资源管理服务和企业管理满意度，进一步增强企业的凝聚力，为员工成长创造良好的工作氛围和职业通道，从而发挥吸引人才、留住人才的作用。

因此电网企业迫切需要构建一套，能够支撑电网企业全业务及流程在线规范运转的信息系统，该信息系统的建设，必须围绕公司战略目标，满足优化业务流程、简化操作步骤的需求，更加关注员工核心能力素质和岗位价值评估体系的建立。在此基础上，构建以绩效考核为核心，涵盖人力资源规划、招聘调配、培训发展和薪酬激励等领域的人力资源管理体系，支撑企业人力资源管理战略和规划的制定和落地。电网企业人力资源管理信息化服务目标如图 1-1 所示。

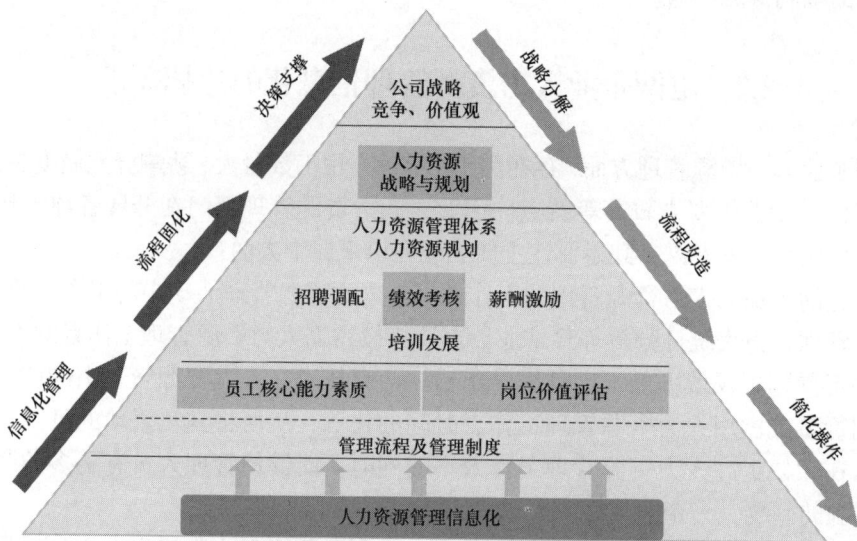

图 1-1　电网企业人力资源管理信息化服务目标

1.3　ERP HR 提升电网人力资源管理

1.3.1　ERP HR 的定义

1. ERP 的概念

ERP 是企业资源计划（Enterprise Resource Planning）的英文缩写，是由美国 Gartner Group 公司 1990 年提出的一整套企业管理系统体系标准，是建立在信息技术基础上，以系统化的管理思想，为企业决策层及员工提供决策运行手段的管理平台，是集成了管理理念、业务流程、人力物力、计算机软硬件为一体的企业资源管理系统。ERP 的应用可以有效地促进企业管理的现代化、科学化，适应竞争日益激烈的市场要求，能够体现企业经营状况。

ERP 的发展主要经历以下几个阶段，如图 1-2 所示。

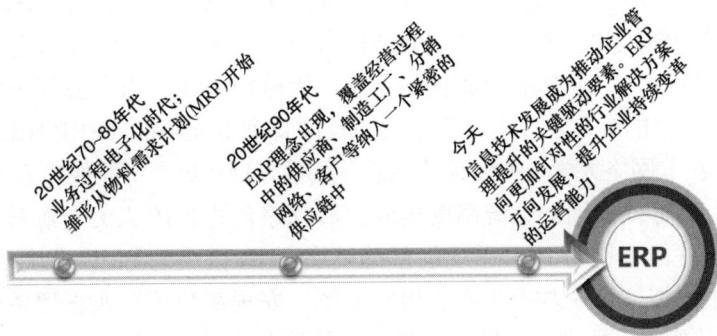

图 1-2　ERP 发展阶段

（1）MIS 管理信息系统阶段（Management Information System，MIS）。

企业的信息管理系统主要是记录大量原始数据，并支持查询、汇总等方面的工作。

（2）物料需求计划 MRP 阶段（Material Require Planning，MRP）。

企业的信息管理系统对产品构成进行管理，借助计算机的运算能力及系统对客户订单、在库物料、产品构成的管理能力，实现依据客户订单，按照产品结构清单展开并计算物料需求计划，最终达到减少库存、优化库存的管理目标。

（3）制造资源计划 MRP Ⅱ阶段（Manufacture Resource Planning，MRP Ⅱ）。

在 MRP 管理系统的基础上，系统增加了对企业生产中心、加工工时、生产能力等方面的管理，以实现计算机进行生产排程的功能，同时囊括财务管理功能，在企业中形成以计算机为核心的闭环管理系统，动态监测产、供、销的全部生产过程。

（4）ERP 阶段。

进入 ERP 阶段后，以计算机为核心的企业级管理系统更为成熟，ERP 系统增加了财务预测、生产能力、调整资源调度等方面的功能，配合企业实现质量管理、生产资源调度管理及辅助决策等，成为企业生产管理及决策的平台工具。

（5）互联网时代的 ERP。

互联网技术的成熟，加强了企业信息管理系统与客户或供应商信息共享和数据直接交换的能力，从而强化企业间的联系，形成共同发展的生存链，促使决策者及业务部门实现跨企业的联合作战。

目前国内大型企业应用的主流 ERP 系统软件主要包括 SAP、ORACLE、用友、金蝶、浪潮等，这些系统的核心部分主要包括人资、财务、物资、项目、生产等模块。利用 ERP 系统可以对企业各项资源进行完整有效整合，实现事前计划、事中控制、事后分析。

　　本书中提到的 ERP 系统，采用的案例主要是 SAP 公司的 ERP 解决方案，其功能覆盖企业的人力资源管理、财务、后勤（采购、库存、项目、设备等）方面，主要包括人力资源管理（HR）、财务会计（FI）、管理会计（CO）、资金管理（TR）、项目管理（PS）、物料管理（MM）、工厂维护（PM）等模块。

　　2. HR 的概念

　　HR 是人力资源（Human Resource）的英文缩写。人力资源管理作为 ERP 系统的核心模块之一，主要划分为组织管理、人事管理、考勤管理、薪酬管理、培训管理、绩效管理、人员发展管理等功能模块。本书中提到的 ERP HR 是一种广义的 HR 概念，是指以 ERP 系统 HR 模块为核心，结合其他专业辅助系统，为电网企业人力资源管理各业务提供信息化支撑的所有平台的统称。在电网企业人力资源管理专业内部，ERP HR 与人资管控系统、教育培训系统、网络大学、人才评价系统、绩效管理系统、福利保障系统、招聘系统、内部人力资源市场等外围辅助系统高度集成，形成综合的 ERP 人力资源管理系统。在人力资源管理专业外部，作为 ERP 系统的基础模块，HR 模块与 FICO 模块是相互集成的。同时，又为员工报销、企业数据中心、生产系统、安规系统等专业管理系统提供了权威数据源，支撑了其他专业的有效运转。HR 模块与其他专业系统的集成示意图如图 1-3 所示。

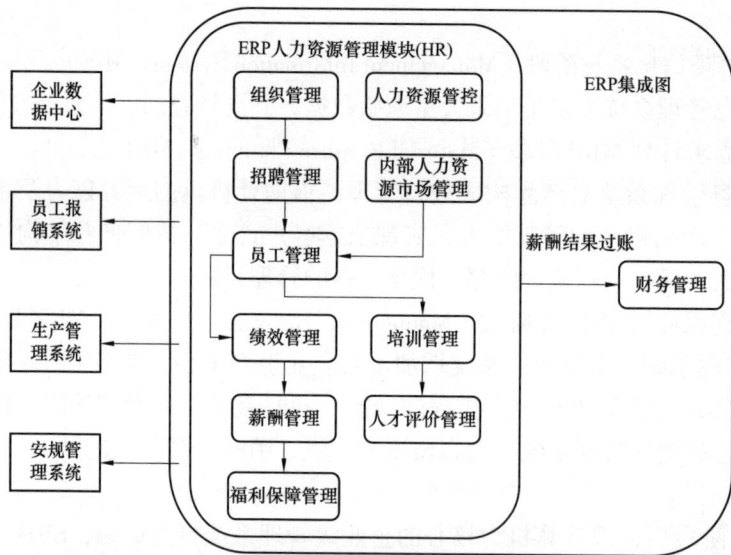

图 1-3　ERP 人力资源管理集成图

　　3. HR 相关术语

　　电网企业 ERP HR 中涉及组织架构和主数据信息的专业术语主要包括：人力资源架构、企业结构、人事结构、组织结构、公司代码、人事范围、人事子范围、员工组、员工子组、薪酬核算范围、组织单元、职位、职务、信息类型、信息子类型、人事事件、雇佣状态等。

　　（1）人力资源架构。ERP 系统人力资源管理划分了三种结构：企业结构、人事结构、组织结构，这三种结构从企业的宏观结构、员工属性、组织架构等三个方面精准定位员工在企业中的特性，ERP 系统可针对这三种结构分别配置特定的管理规则。

（2）企业结构。企业结构是企业的宏观结构，主要划分为公司代码、人事范围和人事子范围。

1）公司代码。公司代码是一个独立的会计实体，需单独对外披露资产负债表和损益表等法定报表，并履行缴纳税务的法人单位。公司代码一般由ERP财务管理模块进行定义，人力资源管理模块继承使用。

2）人事范围。人事范围是人力资源管理模块特有的，是公司代码下的子单位，每个人事范围只能指派给一个公司代码。人事范围可代表公司结构中分散的地理区域或公司下的子公司及分公司。例如，在电网企业中，可为每个单位设置一个人事范围。

3）人事子范围。人事子范围是对人事范围的进一步划分，可根据人员类别、地理区域等对人事范围进行细分。例如，在电网企业中，可将地市公司下的县公司设置为人事子范围。

（3）人事结构。人事结构是对员工属性的划分，主要划分为员工组和员工子组两层。

1）员工组。员工组反映了员工和公司的关系，是对员工类别的划分。例如，在电网企业中，员工组可根据员工所属企业的性质，设置为全资控股用工、集体企业用工等。

2）员工子组。员工子组是对员工组的进一步划分，可根据用工性质、人员类别等对员工组进行细分。例如，在电网企业中，可将"全资控股用工"的员工子组划分为职工、业务委托、其他从业人员等。

（4）组织结构。组织结构就是具体的组织架构，主要由组织单元、职位、职务构成，在组织管理模块中维护。

1）组织单元。组织单元是代表各种组织实体的类型，被指定完成公司内部特定的一组功能，它通常体现为一个公司或一个部门，但也可以用来表现分公司、子公司、小组或项目组等。

2）职位。也就是岗位，如人力资源部主任。职位由员工担任，它自动继承相关职务的任务、属性和性质。

3）职务。职务是公司内部一组活动的特定分类和头衔，比如主任。一个公司中许多员工可担任同一个职务，职务通常是创建职位的基础。

（5）薪酬核算范围。薪酬核算范围对应于实际业务中进行薪资处理的业务范围，一个薪酬核算范围通常是把某个特定组织结构下的一组拥有相同薪资期间，并且同一天运行薪资的员工划分在一起。同时，可根据授权限制的需要，将独立运行薪资的单位再细分为不同的薪资核算范围。一般情况下，每个单位可设置一个或多个薪酬核算范围。

（6）信息类型。ERP系统人力资源管理需要维护的信息很多，系统将数据进行了分类，同一类数据放在一个界面上维护，称为一个信息类型。信息类型可作为权限划分的依据，每个信息类型以4个阿拉伯数字作为编号，例如，0002-基本信息、0006-地址信息、0022-教育信息等。

（7）子信息类型。子信息类型是对信息类型的细分，信息子类型也可作为权限划分的依据。例如，0006-地址信息，可划分为01-家庭地址、02-单位地址、03-其他常用地址等子类型。

（8）人事事件。人事信息管理的流程在ERP系统中以人事事件的方式来完成，系统内根据具体需求定制若干人事事件，每个人事事件由一组顺序的信息类型、子类型和指定操作构成，方便操作人员进行相关信息类型的维护。

1.3.2 ERP HR 在电网企业实施之路

电网企业在国内较早引入 ERP 成熟套装软件，也较早应用 HR 模块来开展企业人力资源管理工作。电网企业的 ERP HR 实施历程，最早可以追溯到 2003 年浙江某电网企业实施 ERP HR 开始。经过 15 年的发展，ERP HR 已在全国各电网企业扎根落地，并成为人力资源日常管理工作的支撑平台。ERP IIR 在电网企业的建设历程，如图 1-4 所示，主要历程如下：

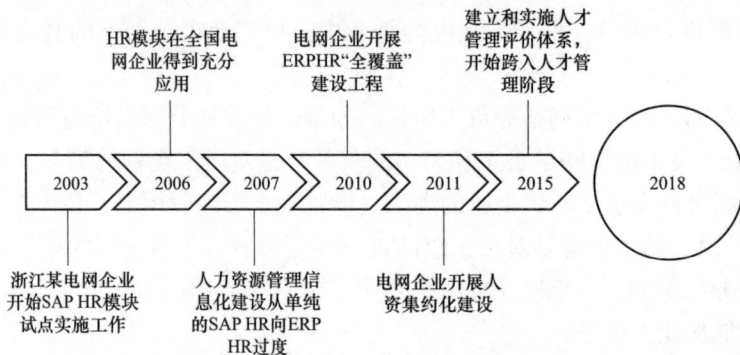

图 1-4 电网企业 ERP HR 建设历程

（1）2003 年，浙江某电网企业开始 SAP HR 模块试点实施工作，经过 3 年时间，将 HR 模块推广至企业各级单位；

（2）2006 年，华东、华北、华南以及西北地区的其他电网企业相继实施 SAPHR 模块，标志着 HR 模块在全国电网企业得到广泛应用；

（3）2007 年，电网企业采用成熟套装软件（ERP）的技术路线来支撑人力资源管理主要业务，人力资源管理的信息化建设从单一的 SAP HR 向综合的 ERP HR 过度；

（4）2010 年，电网企业实施 ERP HR "全覆盖" 建设工程；

（5）2011 年，电网企业开展人资集约化建设，不断深化 ERP HR 应用，形成以 ERP 系统 HR 模块为核心，人资管控系统、教育培训系统、网络大学、绩效管理系统、招聘系统、内部人力资源市场等各类专业辅助系统为支撑的电网企业人力资源管理统一平台；

（6）2015 年至今，电网企业持续深化 ERP HR 应用，拓展应用覆盖范围，建立和实施人才管理评价体系，企业人力资源管理跨入人才管理阶段。

1.3.3 ERP HR 带来人力资源管理变革

针对人力资源管理信息化建设需求，电网企业以信息化推动业务开展为目标，大力推进 ERP HR 管理系统建设，实现了人力资源集约化、专业化管理。主要表现在以下几方面：

（1）全口径：人力资源管理信息系统覆盖电网企业所有单位，覆盖所有类型用工人员信息在线管理。

（2）全过程：能够有效支撑人力资源各业务领域从计划、过程、到结果的全过程管控目标，满足业务端到端的管理，能够有效支撑关键业务多层级全过程贯通。

（3）全业务：人力资源管理信息系统涵盖人力资源各业务领域，不断提升公司人力资源集团化、集约化管理水平。通过 ERP HR 信息化的实施与应用，进一步推动了电网企业人力资源管理的规范化、流程化、协同化、实用化。

（4）管理规范化：制定人力资源管理信息系统应用规范、数据规范及编码规范，以统一的信息化手段实现人力资源管理的规范化、标准化。

（5）业务流程化：按照统一的业务流程，通过工作流方式实现业务关键节点在线审批 / 审核的流程化处理。

（6）专业协同化：通过创建统一基础信息库，实现人资各模块数据协同，通过主数据平台实现人资基础数据与其他专业集成，提升业务融合度。

（7）功能实用化：对人资各业务模块的功能进行改造优化，不断提高系统的实用化水平，满足不同层级用户的应用要求。

1.4　ERP HR 应用解决方案及演示环境

1.4.1　ERP HR 应用解决方案总览

为方便读者理解，本书将人力资源管理分为组织管理、员工管理、薪酬福利管理、绩效管理、培训管理、统计分析等六个功能模块，并分别阐述各功能模块的相关概念、业务流程及系统应用。相应模块的系统应用解决方案详见表 1-1 所示。

表 1-1　　　　　　　　　　ERP HR 应用解决方案一览表

系统功能模块	解决方案功能要点
组织管理	通过 ERP HR 组织管理功能，实现对组织架构和岗位的新建、变更、撤销等管理；通过 ERP HR 定员测算管理功能，实现定员测算全流程管理、定员标准管理、定员分析和定员工作评价等
员工管理	通过 ERP HR 招聘管理功能，实现员工入职管理；通过 ERP HR 人事管理功能，实现员工配置管理、员工离职管理、劳动关系管理和人事管理
薪酬福利管理	薪酬福利管理主要包括人工成本管理、工资总额管理、薪酬管理、福利保障管理等。通过 ERP HR 与财务系统的集成，实现人工成本管理、工资总额管理和薪酬管理；通过 ERP HR 与 ERP FICO、网上报销系统、财务管控系统等系统的集成，实现薪酬管理和福利保障管理
绩效管理	通过 ERP HR 绩效管理功能，实现组织绩效和个人绩效考核管理
培训管理	通过 ERP HR 教育培训管理功能，实现培训实施管理；通过 ERP HR 人才评价系统管理功能，实现人才评价及考核管理
统计分析	通过 ERP HR 员工自助服务模块，支持员工在线查询个人信息，核对、修改或申请修改个人信息，实现员工在线获得人力资源支持服务；通过 ERP HR 综合报表平台，实现各项业务的统计与分析；通过 ERP HR 人力资源辅助决策功能，监控人力资源规划与计划、用工配置、人工成本等重点指标，服务人力资源管理者作出决策

1.4.2　ERP HR 应用解决方案采用的软件环境

本书对 ERP HR 系统应用解决方案的演示主要是以 SAP ECC6.0 为核心，配套各专业辅助系统，如教育培训系统、管控系统、绩效管理系统、培训积分管理系统、人才评价系统、福利保障管理系统等。

2

组 织 管 理

组织机构是企业流畅运转的基本框架，各级各类部门能够通过组织机构进行职责、功能的划分与业务的有机衔接，稳定的组织机构支撑了企业的整体有序运行。本章主要从机构、岗位、定员的视角，讲解电网企业组织机构的管理业务与实际执行过程，通过 ERP HR 的组织管理功能应用，电网企业实现组织机构线上线下流程的融合，确保组织机构的成立、调整与撤销都能符合规范要求，保证企业运行的稳定和经济效益的提升。

2.1 组 织 机 构 管 理

2.1.1 组织机构管理概述

组织机构是指组织中正式确定的使工作任务得以分解、组合和协调的框架体系，是赖以开展业务经营活动的人、财、物等资源配置的载体，决定着企业的运营方式和运营效率。一般包括各级企业及其内设机构，内设机构一般包括部门和班组。

组织机构管理是对各级组织机构设计、运作、调整一系列活动的总称，主要包括：

（1）组织机构实体管理。组织机构名称、层级、类别、职责和相互关系等。

（2）组织机构信息管理。组织机构相关信息按照类别进行归类，包括单位信息、内设机构信息等。

（3）组织机构审批管理。组织机构的设立、变更、撤销、合并重组等申请的审批。

电网企业通过组织机构管理，明确了机构设置的有关原则和方案，统一了各级机构名称、职责等，考虑各机构规模、编制、用工、专业特性等因素，制订了机构合并、职责划转、层级增减等标准和路径，促进组织机构向扁平化、集约化方向转变，实现专业融合和协同发展。

2.1.2 组织机构管理流程

组织机构管理流程主要涉及各单位业务部门与各级人力资源管理部门，总体流程如图 2-1 所示。

以上流程要点及各部门职责如下：

（1）上级单位负责制定公司机构编制管理方面的规章制度、标准规范，以及机构设置指导方案。负责所属单位组织机构设立、变更、撤销方案的审批。

（2）人力资源部门根据上级意见或业务部门申报需求，编制组织机构调整方案。负

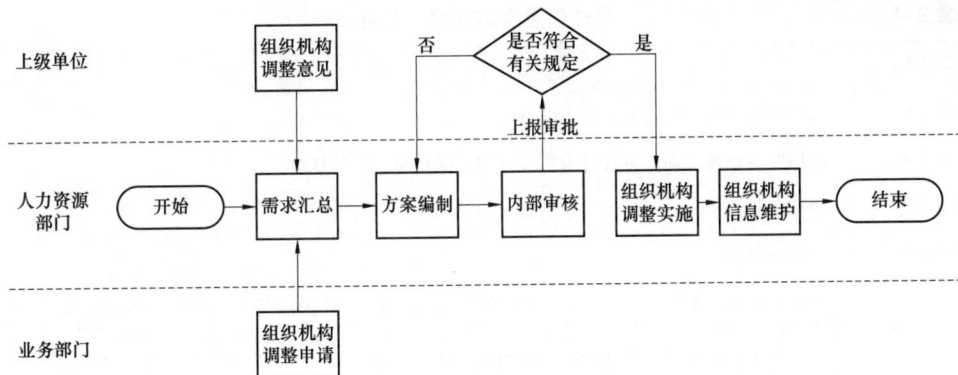

图 2-1　组织机构管理流程

责对组织机构调整方案进行内部审核，内部审核通过后还应报上级单位审批，上级单位审批后，按照批复结果执行组织机构调整，并完成信息系统的维护。

（3）业务部门负责根据业务发展需要向人力资源部门提出机构设置和人员编制的建议，并配合人力资源部门对机构编制进行监督检查。

2.1.3　ERP HR 在组织机构管理的应用

ERP HR 中的组织机构管理功能是 HR 模块各项应用功能的基础，在 ERP HR 中，组织架构可用树状结构或矩阵式结构进行维护与管理，对电网企业这种架构稳定、工作模式规范的企业来说，树状结构相对更简洁直观，维护方便，更适应业务需求。

ERP HR 中对于组织机构管理主要业务内容的对应功能如下：

（1）组织机构实体管理。ERP HR 中对组织机构的不同类型实体统称为"对象"，对象包括"单位、部门、岗位"等，不同的对象在 ERP HR 中被称之为"对象类型"，例如对象类型"O- 组织单位"用来描述单位或部门。同时 ERP HR 中引入"关系"概念，用来描述不同类型的组织机构实体间的对应关系，例如关系类型"A002- 报告（行）到"代表所选对象从属于相关对象，关系类型"B002- 是优先行"代表所选对象为相关对象的上级。

（2）组织机构信息管理。ERP HR 中，描述组织机构实体属性的字段合集称为信息类型，是同一对象意义相近的信息字段汇总。在 ERP HR 中，每个信息类型都有一个独立的四位编号，且每个信息类型一般会有一个独立的维护页面，包含相应字段，表达相关属性，组织机构对象所用的单位信息与部门信息的部分字段设置如表 2-1、表 2-2 所示。

（3）组织机构审批管理。ERP HR 中，审批包括编制方案的审批和组织机构实体创建的审批，组织机构实体的调整工作由不同工作流进行管理，以编制方案的审批为审核依据，确保机构设置合理有效。

【案例】

A 公司为负责某区域的电网公司。现 A 公司拟成立一家专业公司 B 公司。B 公司拟设置人力资源部等部门，人力资源部还拟下设招聘中心、培训中心、人事管理中心等子部门。现安排 A 公司人力资源部主任李群、劳动组织主管王珂负责相关组织工作。B 公司成立后，相关岗位所配人员将采用公开招聘与内部选拔的方式进行。

表 2-1　　　　　　　　　　　　　　　　单位信息类型字段一览表

栏位名称	注　释
所属单位	维护为新增组织机构的直接上级单位
更改日期	新增时为创建日期，更改时为更改日期，撤销时为撤销日期
对象简称	单位的简称
对象全称	单位的全称
单位代码	单位代码是由上级主管单位采用层次编码法赋予单位的代码，单位代码最多不超过 3 层，每一层级可以用两位数字（数字＋数字）或大写字母加数字（大写字母＋数字）的两位字符组合表示，同一层级单位的代码按照 01~99、A0~A9、B0~B9、…、Z0~Z9 的顺序依次扩展。该字段信息为手动填写录入，为必填信息
单位英文名称	单位英文名称是单位规范中文全称的英文翻译
单位成立时间	单位成立时间记录单位成立的时间，是指单位经工商行政管理部门登记注册或被批准成立的日期，新成立单位的开始日期和单位成立时间均应该维护为单位成立的具体日期，为必填信息
单位层级	单位层级分为第一层、第二层、第三层、第四层共计四个层级
……	……

表 2-2　　　　　　　　　　　　　　　　部门信息类型字段一览表

栏位名称	注　释
批准日期	部门及机构的批准成立日期
分管领导	部门分管领导信息
部门代码	部门代码
部门英文名称	部门英文名称
部门层级	部门层级用以区分一级部门以及子部门
部门类别	部门类别用于区分部门、处室、班组等
班组类别	按照班组业务职能划分的各班组类别
班组类型	按具体职能分工细化班组类型
批准文件文号	批准部门成立的文件文号
……	……

1. 组织机构申请报批

（1）提交组织机构新增申请。王珂完成方案编制后，于 2015 年 10 月 12 日，发起方案审批动作，启动组织机构调整方案报批流程，系统应用如图 2-2 所示。

图 2-2　组织机构新增申请页面

（2）组织机构新增申请审批。在维护基本申请信息后，上传机构编制方案，并提交审批，调整申请根据权限设置，分别于 10 月 13 日经过人力资源部门主任李群审批，10 月 14 日经秘书赵飞核稿后，提交单位负责人田文豪，并于 10 月 16 日签发。根据机构调整的具体情况和需要，也可在秘书核稿前提交相关部门会签，系统应用如图 2-3 所示。

图 2-3　组织机构新增请示页面

（3）组织机构新增申请批复。上级单位收悉调整申请后，于 2015 年 10 月 26 日批复同意，生成批复文件和文号，完成编制方案的审批流程，如图 2-4 所示。

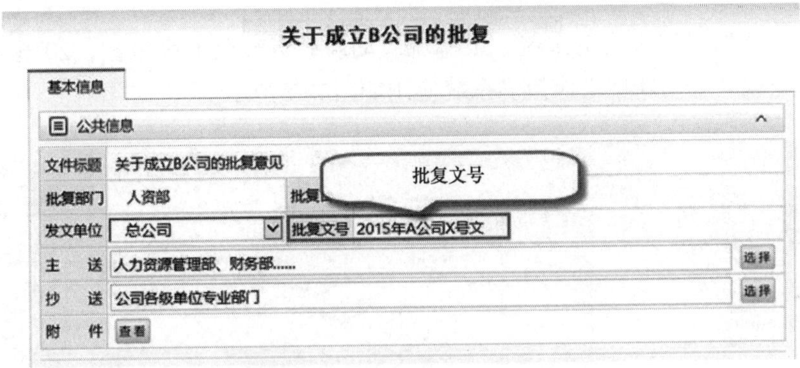

图 2-4　组织机构新增申请批复页面

2.组织机构设置与调整流程

（1）发起新增组织机构工作流。A 单位获取批复后，在 2015 年 12 月完成了 B 公司的组建。王珂于 2016 年 1 月 1 日启动组织机构设置与调整工作流，新建 A 单位的下属单位 B 公司，如图 2-5 所示。

图 2-5　组织机构设置与调整创建及查询界面

（2）维护组织机构基本信息。在组织机构新增工作流中，按实际情况，维护"B 公司"的创建日期、机构名称、单位层级、单位类别、法人代表、资产关系等信息后，提交审批，如图 2-6 所示。

图 2-6　组织机构新增工作流页面

（3）审批新增组织机构工作流。工作流启动后，流转至上级单位，2016 年 1 月 1 日审批通过，完成 B 公司新增工作流。系统应用如图 2-7 所示。

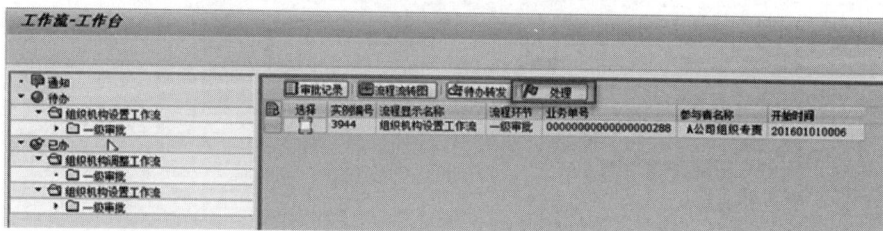

图 2-7　组织机构设置审批页面

（4）新增人力资源部门及内设机构。B 公司成立后，需继续增设人力资源部，以及招聘中心等部门内设机构，选择组织机构设置与调整工作流发起页面中机构类型的"内设机构"选项（非"下属单位"选项）启动新增流程，填入相关上级机构、对象名称、内设机构层级等基本信息后提交审批，系统应用如图 2-8、图 2-9 所示。

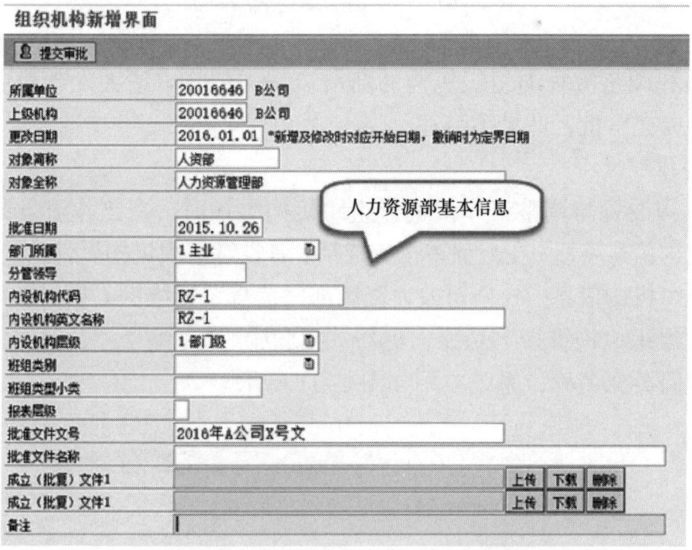

图 2-8 "人力资源管理部"新增页面

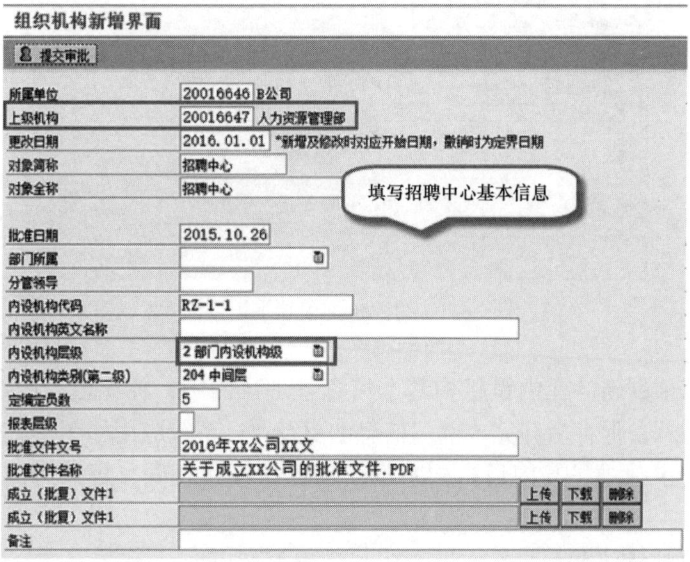

图 2-9 "招聘中心"新增页面

（5）新增其他内设机构。参考新增招聘中心的方式，继续为 B 公司人力资源管理部门增加"人事管理中心"与"培训中心"两个部门，完成后，ERP 系统应用中树状组织结构如图 2-10 所示。

职员分析	有效日从	有效期至	ID	关系文本	代码
▽ □ A公司	2015.01.01	未限制的	O 20027640		A公司
▽ □ B公司	2016.01.01	未限制的	O 20016646	直接管辖	B公司
▷ 总经理	2016.01.01	未限制的	S 30041018	包含员工	总经理
▽ □ 人力资源管理部	2016.01.01	未限制的	O 20016647	直接管辖	人力资源管理部
▷ □ 招聘中心	2016.02.01	未限制的	O 20019569	直接管辖	招聘中心
□ 培训中心	2016.02.01	未限制的	O 20027098	直接管辖	培训中心
▷ □ 人事管理中心	2016.02.01	未限制的	O 20027637	直接管辖	人事管理中心

图 2-10　树状组织结构查看页面

机构的撤销和调整流程与组织机构的新增流程类似，申请人发起对应工作流，完成相关信息填报并提交审批，此处不赘述。

3. 组织机构维护

通过组织机构设置与调整工作流进行组织机构维护时，在工作流发起页面仅需要填写主要的组织机构信息字段，在流程审批完成后，需要对组织机构属性信息进行补充完善。

（1）维护组织机构信息。B 公司人力资源部门信息系统维护人员对新增的机构进行信息完善，通过"组织机构维护"功能，更新"招聘中心"（编号：20019569）的内设机构基本信息中的部门英文名称，系统应用如图 2-11 所示。

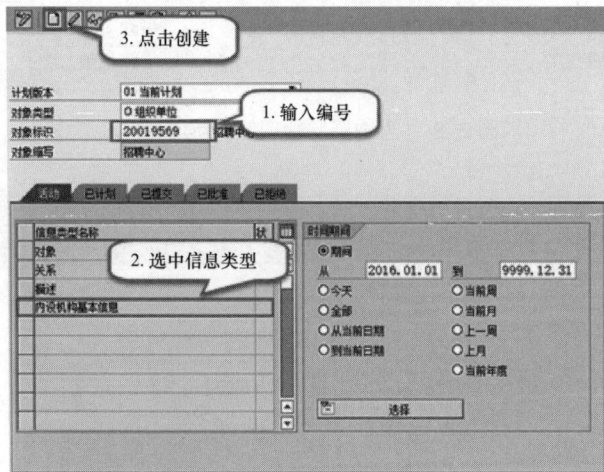

图 2-11　组织机构单独维护页面

（2）完成信息更新。在内设机构基本信息管理页面中，补充填入内设机构英文名称"recruitment center"，保存后即完成部门信息的更新❶，系统应用如图 2-12 所示。

单位信息的单独维护与内设机构基本信息维护操作相同，可采用同样的方法进行，此处不赘述。

4. 组织机构批量维护

在 ERP 系统上线进行期初数据录入，或有单位新建、重组等大量的调整业务需求时，可以通过规定的模板进行批量的导入，包括组织机构对象、关系的建立、修改、删除，

---

❶ 该功能页面可通过权限控制，确保用户按照权限区分，仅能修改权限指定范围内的信息类型。

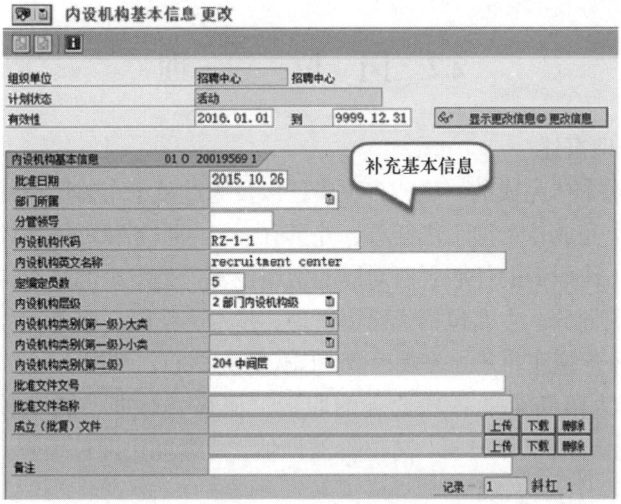

图 2-12 内设机构基本信息补充维护页面

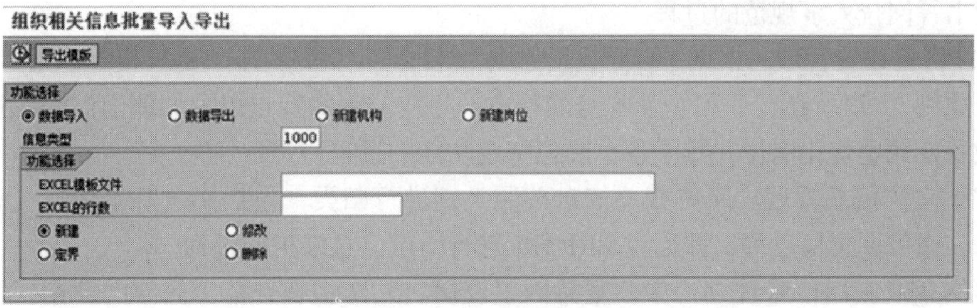

图 2-13 组织机构批量维护页面

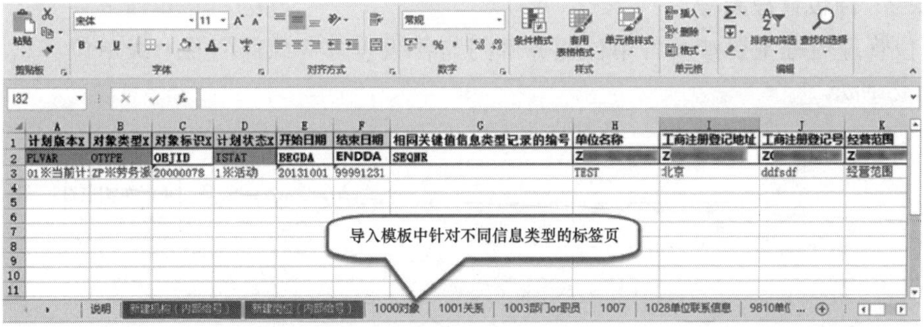

图 2-14 组织机构批量维护模板相关页面

以及机构基本信息的维护，方便用户快速完成相关调整工作❶，系统应用如图 2-13 所示。

导出的模板包含组织机构新增所需的基本信息，将表格如实填写完整并导入后，组织机构新增即完成，模板如图 2-14 所示。

---

❶ 批量导入功能权限严格控制，仅在系统建设初期开放，系统正式运行后需履行审批流程才可申请开放。

2.2 岗 位 管 理

2.2.1 岗位管理概述

岗位是组织要求个体完成的一项或多项责任以及为此赋予个体职责的总和，是在一定的时间内，有员工承担完成若干项工作任务，并具有一定的职务和责任、权限的构成。岗位是企业中承担一系列工作职责的任职者所对应的组织位置，是组织的最小构成单元。根据电网企业岗位类别界限的划分，主要包括经营、管理、技术、技能、服务五个大类。按照不同岗位与电网核心生产经营管理业务的关联程度，岗位分为核心、常规、一般和通用四类。

岗位管理是指为落实企业各项业务的职责、流程、标准、制度和考核等管理要求，制定岗位标准规范，开展工作分析、岗位价值评估，持续优化岗位设置和人员配置的过程。

岗位管理的内容主要包括：

（1）岗位分析管理。对各类工作岗位的性质任务、职责权限、岗位关系、劳动条件和环境，以及员工承担本岗位任务应具备的资格条件所进行的系统研究，并制定工作岗位说明书等岗位人事规范的过程。

（2）岗位设置管理。根据"最低数量原则""目标－任务原则""责权相等原则"和"有效配合原则"，以所在行业和企业本身的特点、生产流程的特点以及职能部门的职能为依据，设置或调整优化岗位并赋予各个岗位特定功能的过程。

（3）岗位信息管理。岗位相关信息按照类别进行归类，包括岗位基本信息、岗位任职资格、岗位职责信息等，并通过 ERP HR 进行岗位信息维护的过程。

电网企业在岗位管理过程中，坚持因事设岗、人岗相宜、精干高效的原则，实现业务和岗位的全覆盖，使之适应运营发展模式和管理机制变化，满足集约化、流程化、扁平化要求，有效促进工作效率提升。

2.2.2 岗位管理流程

岗位管理流程主要涉及各单位业务部门与各级人力资源部门及上级单位，总体流程如图 2-15 所示。

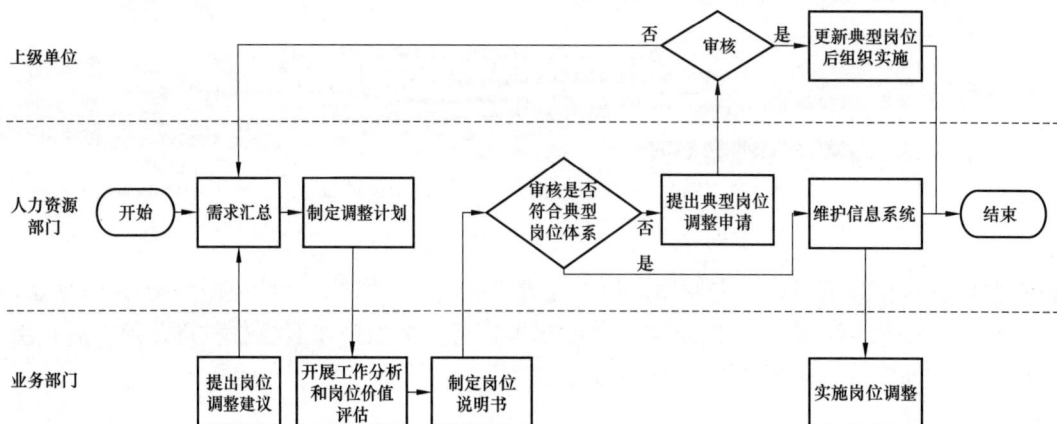

图 2-15 岗位管理流程

以上流程要点及各部门职责如下：

（1）上级单位负责制定完善电网企业岗位管理相关规章制度，制（修）订岗位分类标准；负责所属单位提出的典型岗位设立、变更和撤销等岗位设置的审批。

（2）人力资源部门负责贯彻落实上级单位岗位管理规章制度与标准要求，负责实际岗位的设立、变更和撤销管理，负责完善岗位管理工作机制，指导和组织专业部门开展工作分析、岗位价值评估等工作，完善岗位体系，审核各专业岗位设置方案并完成信息系统的维护。

（3）业务部门负责根据业务需求和岗位管理规定开展本专业工作分析、岗位价值评估等工作，提出本专业岗位调整建议和设置方案，配合开展岗位管理具体工作。

2.2.3 ERP HR 在岗位管理的应用

ERP HR 中的岗位管理功能是对组织机构管理功能的延伸，在 ERP HR 中，岗位管理有着多种维护方式，电网企业根据自身对岗位设置的严格要求，采用工作流的形式，对岗位的新增、修改、删除等工作进行规范化、流程化的管理。

ERP HR 中关于岗位管理主要业务内容的对应功能如下：

（1）岗位实体管理。ERP HR 中的岗位，也作为一种对象进行管理，与"单位、部门"等类似，在 ERP HR 中，岗位的新增与设置需要遵从电网企业的标准岗位设置来进行。标准岗位是指综合整个电网企业各部门的工作职责，结合工作性质和工作量等关键因素而设置的供参考的岗位，包括专业部门应该设置、能够设置的岗位类型及数量。

（2）岗位信息管理。ERP HR 中，对岗位的相关属性，设置了"岗位信息"的信息类型，用于存储岗位的相关信息，包含相应字段，表达相关属性，岗位信息的部分字段如表 2-3 所示。

表 2-3　　　　　　　　　　　　　岗位信息类型部分字段一览表

栏位名称	注　释
所属单位	申请创建岗位所属单位
所属部门	申请创建岗位所属部门
岗位需求部门	提出申请创建岗位的部门
对象简称	申请创建岗位的简称
对象全称	申请创建岗位的全称
岗位编号	岗位的工作标准编号
岗位英文名称	岗位全称的英文翻译
岗位所属单位性质标识	岗位所属单位的职能按照进行单位划分，按照"GB/T 20091—2006"的分类标准，公司所属单位的单位性质分为企业、事业单位和社会团体三类
特殊工种标识	对岗位为发电、火电施工、水利水电、修造等 36 个特殊工种进行划分的标识，如果该岗位属于这些特殊工种的范围则必须进行维护
岗位批准日期	岗位设置申请上级部门批准的日期
……	……

【案例】

B 公司成立后，需要完成人力资源部门的人员配备，以便尽快开展工作，拟在 B 公司人力资源部设置劳动组织专责，负责 B 公司人力资源管理工作中的组织机构与岗位设置等劳动组织相关工作，岗位将通过公开招聘的方式选择合适的人选。

1. 岗位新增申请

（1）提交岗位新增申请。通过工作流，发起 B 公司人力资源部劳动组织专责岗位的新增申请，系统应用如图 2-16 所示。

图 2-16　岗位创建与查询页面

（2）维护新增岗位信息。在工作流发起的页面中，填入劳动组织专责的相关信息后，保存并提交工作流，系统应用如图 2-17 所示。

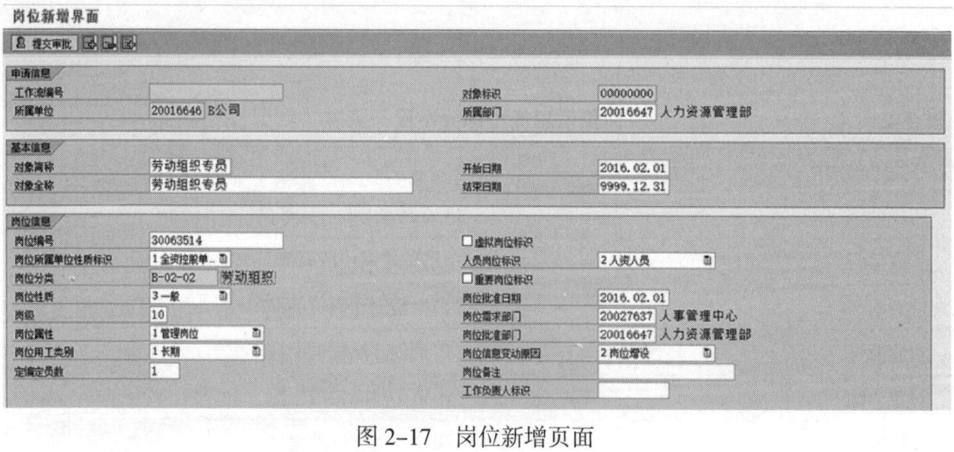

图 2-17　岗位新增页面

（3）岗位新增申请审批。工作流申请按照业务管理实际要求所设置的不同审批层级，流转到对应的审批人进行审批，发起人可以通过查看工作流跟踪岗位申请信息中的审批状态信息，系统应用如图 2-18 所示。

（4）上级单位审批。上级单位审批人在工作流审批页面中，可以看到提交申请的岗位设置工作流，完成审批后，工作流可按照不同的审批结果，回退至发起人或完成流程，系统应用如图 2-19 所示。

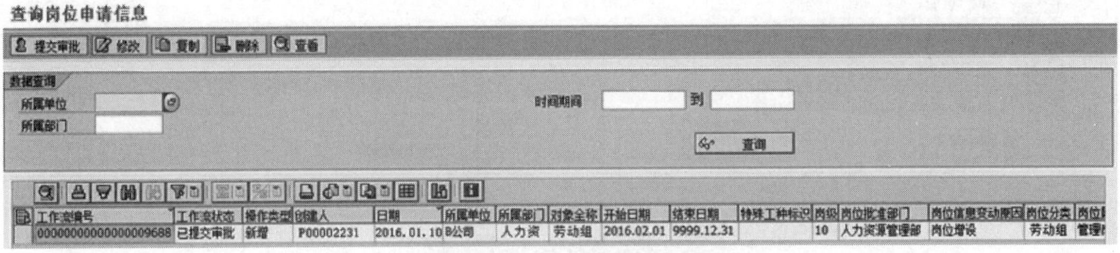

查询岗位申请信息

图 2-18　工作流查询页面

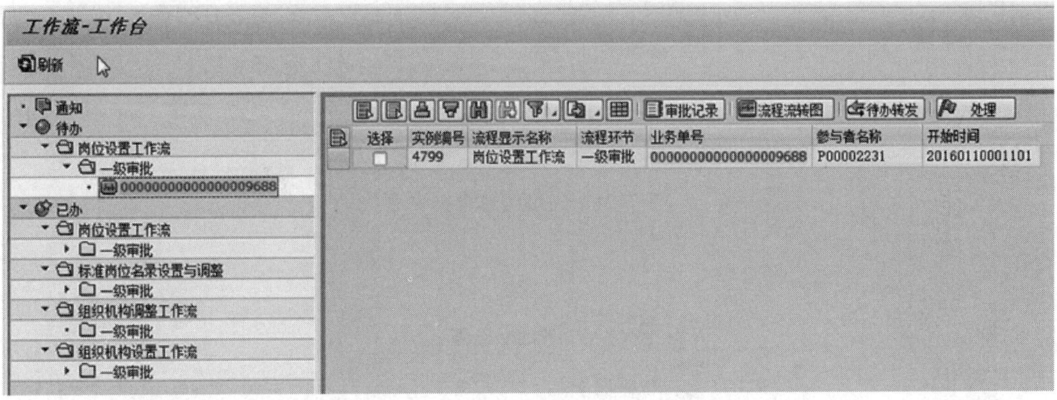

工作流-工作台

图 2-19　工作流上级单位审批页面

（5）审批记录查询。工作流被处理的同时，发起人可以通过查看工作流的"审批记录"，关注工作流审批进展。系统应用如图 2-20 所示。

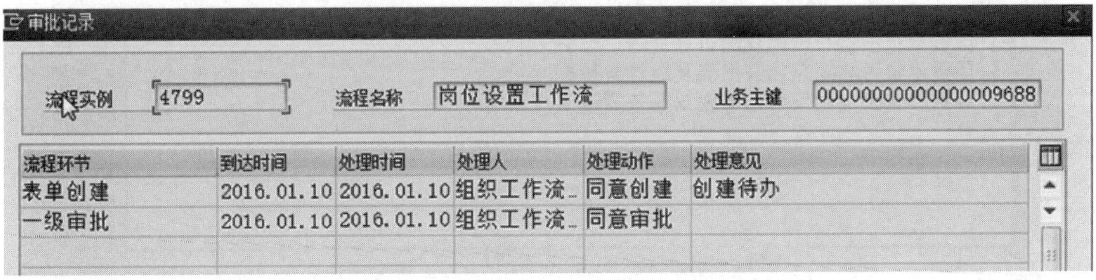

审批记录

图 2-20　岗位新增工作流审批记录页面

岗位修改、撤销（删除）的工作流与新增的流程环节及审批过程类似，此处不再赘述。

2. 岗位信息维护

（1）维护岗位信息。通过工作流完成岗位新增后，对不完整的信息类型，可以通过岗位信息单独维护的功能，完成信息的补录与完善。以补充"劳动组织专责"（编号"30063514"）的岗位基本信息为例，系统应用如图 2-21 所示。

（2）补充任职责任条款。在岗位基本信息中，添加"岗位责任"信息，系统应用如图 2-22 所示。

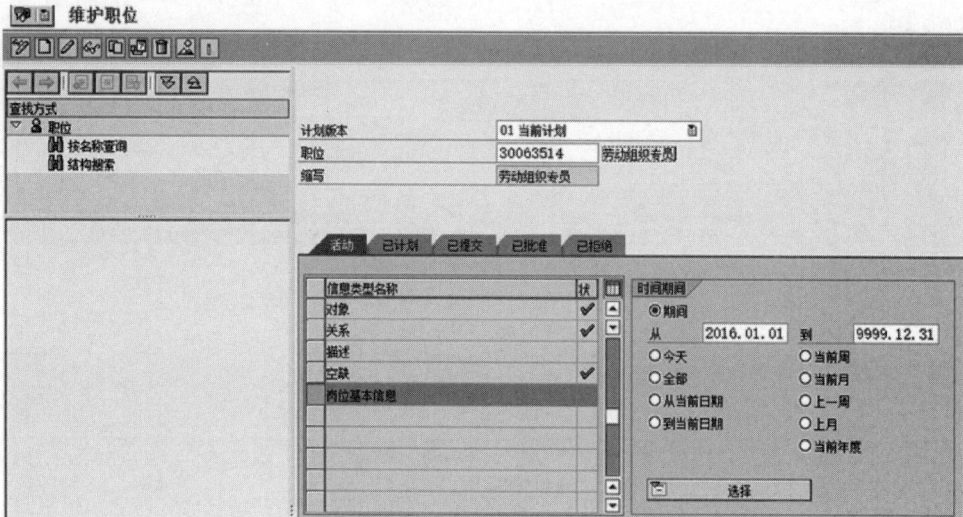

图 2-21　岗位信息维护页面

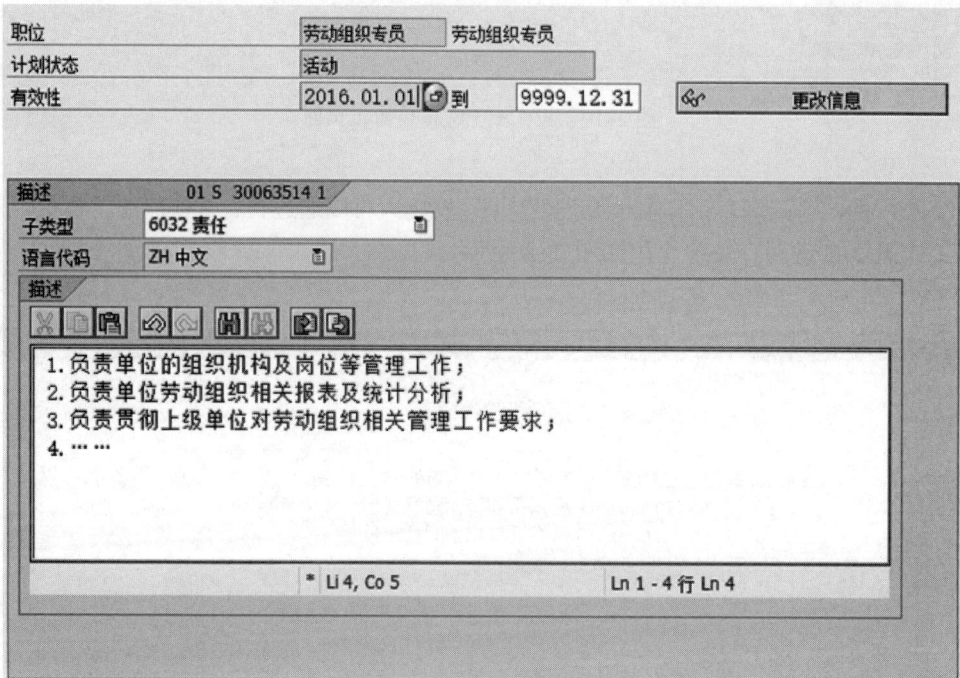

图 2-22　维护岗位责任

3. 新增其他岗位

在"招聘中心"创建完成后，用岗位新增工作流，在"招聘中心"下新增"招聘专员（30063424）"岗位，该岗位负责单位的人员招募相关工作。完成后的组织架构如图 2-23 所示。

职员分析	有效日从	有效期至	ID
▽ ☐ A公司	2015.01.01	未限制的	O 20027640
▽ ☐ B公司	2016.01.01	未限制的	O 20016646
▷ ☐ 总经理	2016.01.01	未限制的	S 30041018
▽ ☐ 人力资源管理部	2016.01.01	未限制的	O 20016647
▽ ☐ 招聘中心	2016.02.01	未限制的	O 20019569
☐ 招聘专员	2016.02.01	未限制的	S 30063424
☐ 培训中心	2016.02.01	未限制的	O 20027098
▽ ☐ 人事管理中心	2016.02.01	未限制的	O 20027637
☐ 劳动组织专员	2016.02.01	未限制的	S 30063514

图 2-23　岗位新增完成页面

2.3 定 员 管 理

2.3.1 定员管理概述

定员是指在一定时期内和一定的技术、组织条件下，根据企业既定的产品方向和生产规模，按照一定素质要求，规定企业应配备的各类人员预先规定的限额。定员的范围应该包括所有部门和岗位，即包括经营、管理、技术、技能、服务等已定岗人员。

定员管理是指综合考虑企业生产装备、技术水平、劳动组织、员工素质等条件，制订和实施劳动定员标准，推进企业按定员定额组织生产的过程。

劳动定员管理的内容主要包括：

（1）劳动定员标准管理。劳动定员标准是指在一定的生产技术、装备水平、劳动组织等条件下，为保证企业经营和管理工作正常开展所预先规定的具有相应素质要求的各类人员配备标准，是企业组织生产经营和管理工作的重要依据。

（2）劳动定员测算与核定。劳动定员测算是指依据劳动定员标准和企业特定截止日期的定员台账，基于 ERP HR 计算企业劳动定员的过程，是劳动定员核定的重要依据。劳动定员核定是指各企业在定员测算结果的基础上，综合考虑企业各专业劳动组织方式、设备技术水平、用工规模、人员素质和年龄等实际情况，制订核定定员的管理过程，是指导企业人员配置的依据。

（3）劳动定员分解和应用。企业将核定定员分配至相应的单位与部门，相应的单位或部门结合劳动组织方式、机构岗位设置、人员规模等情况，将核定定员分解至相应班组和具体岗位，分解结果应用至工资总额分配、补员需求计划、培训计划等方面。

电网企业通过劳动定员管理，编制企业劳动定员标准，组织开展劳动定员测算、核定、分解和应用等工作，推动电网企业装备技术进步、专业分工协作和职工队伍素质提高，有效提升供电企业的用人水平和劳动效率。

2.3.2 定员管理流程

定员管理流程主要涉及各单位业务部门、各级人力资源部门及上级单位，总体流程如图 2-24 所示。

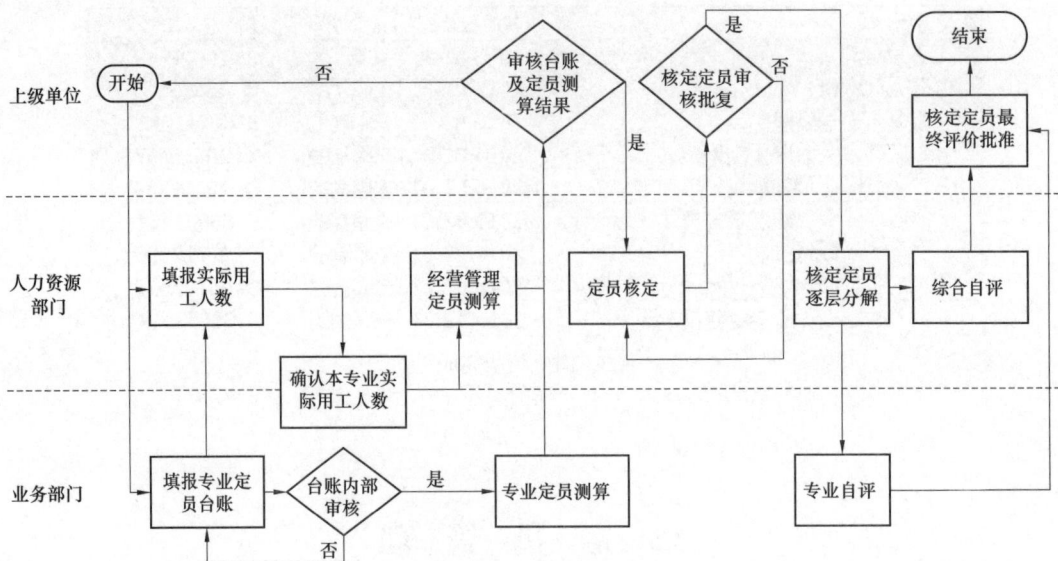

图 2-24 定员管理流程

以上流程要点及各部门职责如下：

（1）上级单位负责全口径定员管理，组织制（修）订定员标准和管理制度，编制定员贯标规划和计划；负责组织相关专业开展台账收集，指导所属单位与相关部门开展定员测算、核定、审核以及对所属单位开展定员监督、检查、考核评价等工作。

（2）人力资源部门负责贯彻企业定员标准和管理制度及定员管理要求，负责本单位定员测算，参与并指导定员核定工作；负责执行批复核定定员，组织并指导所属单位与相关部门开展定员分解及应用，配合上级单位开展定员考评工作。

（3）业务部门负责本专业定员台账编制、报送、测算；负责本专业定员自评和用工效率提升工作。

2.3.3 ERP HR 在定员管理的应用

ERP HR 中的定员管理功能是协助人力资源部门制定企业用工标准，规范企业用工制度，管控企业用工全过程工作的一项重要支撑功能，包括定员标准的制定与下达，定员台账的收集，开展定员测算分析，定员数据分解下达，定员核定与评价等功能。

ERP HR 中对于定员管理主要业务内容的对应功能如下：

（1）定员标准管理。在 ERP HR 定员管理功能中，定员标准管理是定员管理工作开展的基础，对不同的单位层级、单位类型以及专业进行有针对性地台账、公式、补充说明等模板的管理过程。

（2）定员测算与核定。定员测算与核定功能可以进行定员测算任务的编制和下达，可以通过台账收集导入申报、用工数据申报、测算上报审核等功能，完成定员工作从台账至核定的一系列过程。

（3）定员分解和应用。ERP HR 中的定员分解与应用是整个定员管理的最后环节，这个功能可以支撑定员管理单位，对定员结果按照岗位分类和定员性质，进行定员分解和逐层应用。

【案例】

某电网企业开展定员测算工作，其下属单位 B 公司人力资源部门根据定员标准，结合上级单位下达的定员测算任务，组织收集并导入定员台账，申报用工数据，B 公司人力资源部门确认定员台账与用工数据无误后，完成定员测算并提交上级单位。上级单位人力资源部门完成定员核定与审批并下达，B 公司完成测算结果的分解。

1. 编制定员标准

（1）定员标准编制。定员标准的编制是启动定员工作的第一个环节，在 ERP HR 中，在定员标准管理页面中，编制定员标准，系统应用如图 2-25 所示。

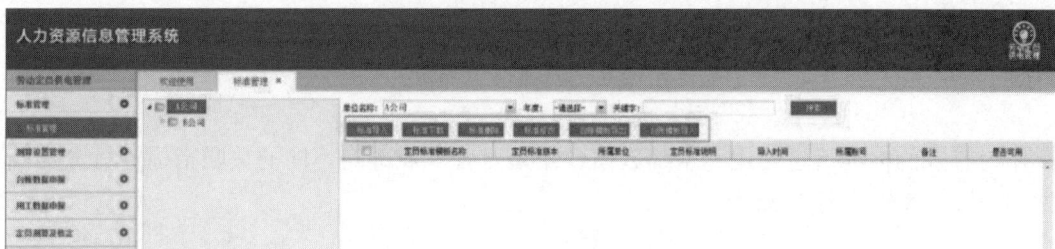

图 2-25 定员标准页面

（2）定员标准表格维护。定员标准是一份针对不同专业设置折算系数、插值计算的标注化表格，在表格中可以维护好标准的具体内容，并导入系统中生成新标准，表格如图 2-26 所示。

图 2-26 定员标准表格示例

（3）定员标准表格导入。在标准管理主页面中，利用标准导入的功能，完成定员标准的新增，同时可以对已经导入的定员标准进行修改、导出、删除等操作，系统应用如图 2-27 所示。

（4）基础数据台账维护。新增后的定员标准，需要配备对应的基础数据台账表才可

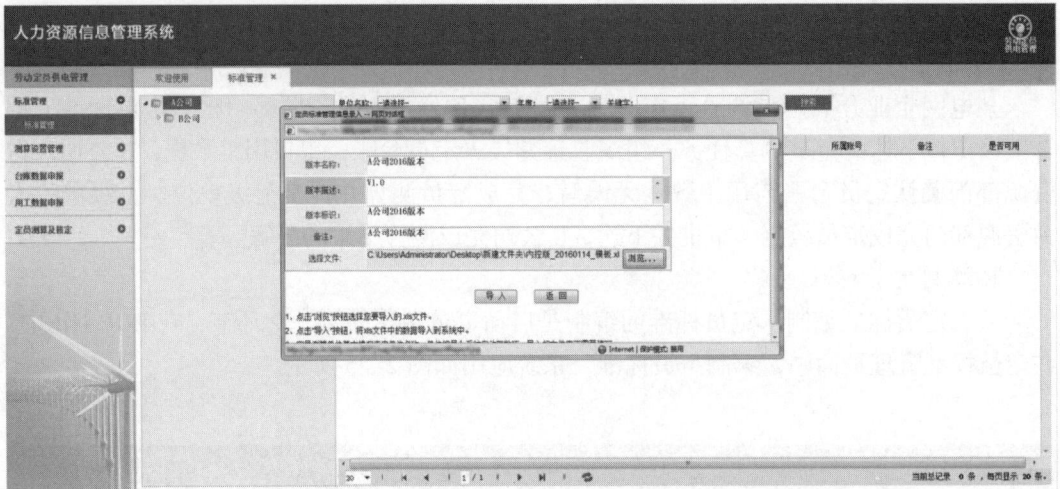

图 2-27　定员标准新增页面

以作为有效的标准下达使用，基础数据台账是对各专业部门不同的关联指标进行分类归纳的表格，表格如图 2-28 所示。

图 2-28　定员标准基础数据台账表

（5）基础台账导入。基础数据台账表导入后，标准即可以生效变为可用状态，系统应用如图 2-29 所示。

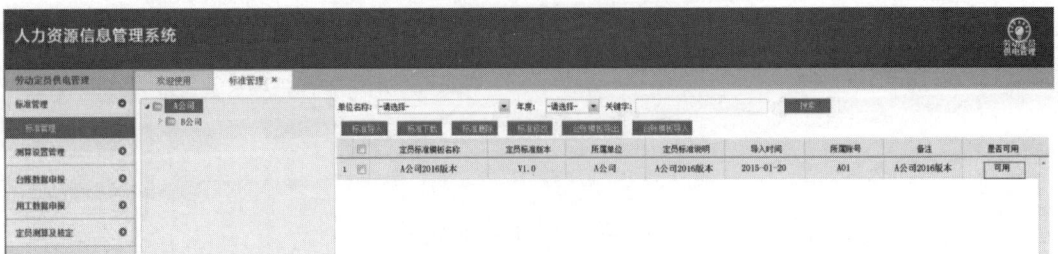

图 2-29　定员标准导入后可用页面

2. 测算设置

测算设置中包括设置测算任务、设置测算单位等功能，通过测算设置，可以编制并下达测算任务，同时确定测算任务所适用的单位。

（1）测算任务管理。测算任务管理包括测算任务的增加、修改、删除等一系列动作，在测算任务管理页面中，选择测算标准，并设置任务名称以及使用年度后，完成测算任务的新增，系统应用如图 2-30 所示。

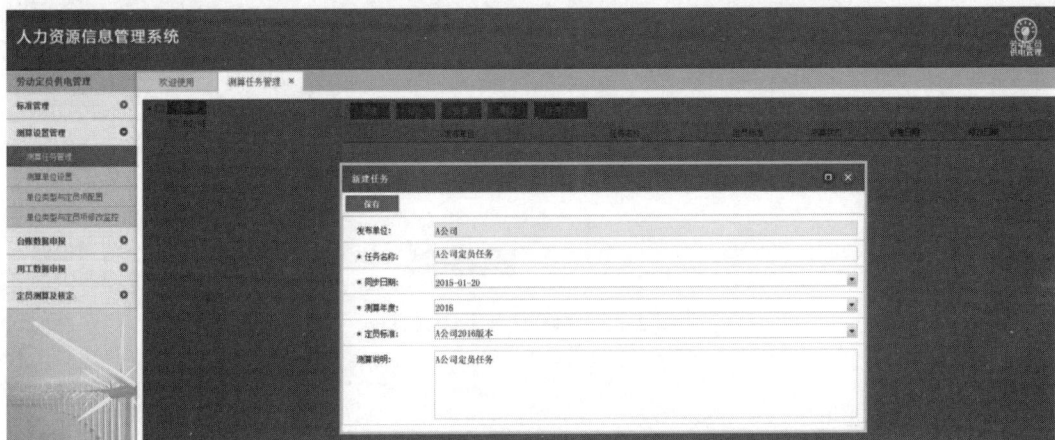

图 2-30　测算任务页面

（2）测算单位设置。测算单位设置页面中，可以将测算任务与测算单位进行关联，通过勾选测算任务，为测算任务分配进行测算的单位，系统应用如图 2-31、图 2-32 所示。

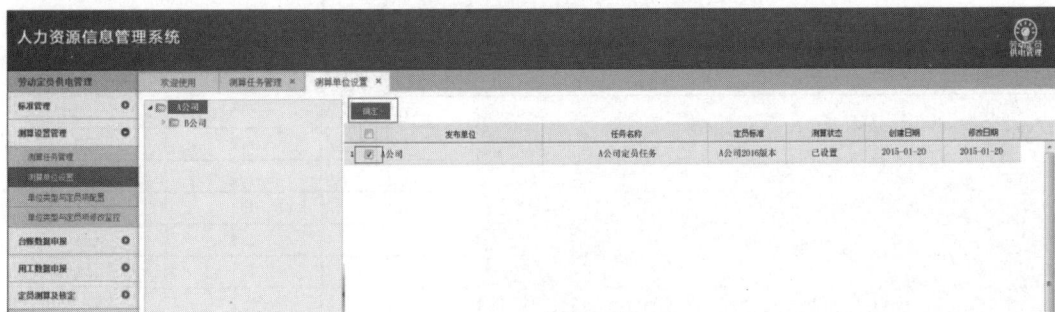

图 2-31　测算单位选择页面

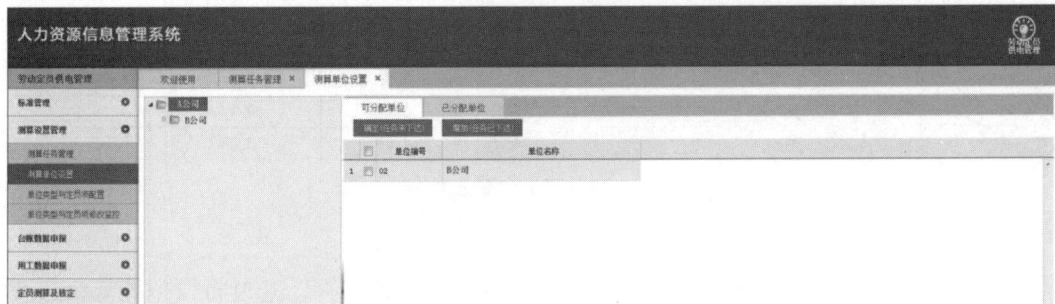

图 2-32　测算单位分配页面

（3）测算任务下达。将测算任务分配给测算单位后，即可下达测算任务，系统应用如图 2-33 所示。

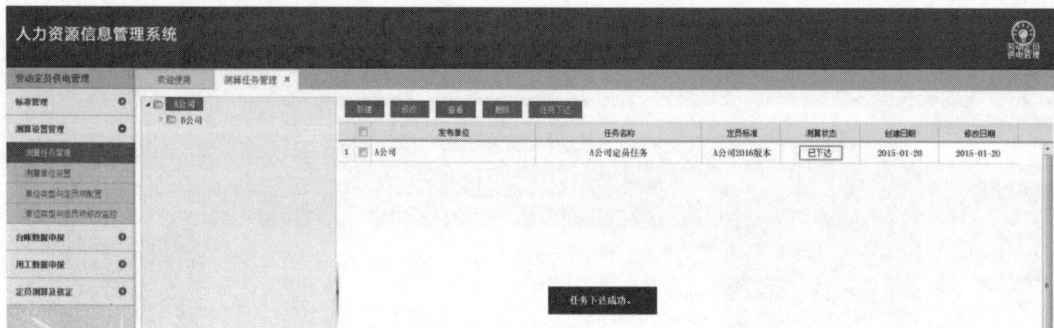

图 2-33　测算任务下达页面

3. 台账数据申报

（1）劳动定员台账导入。测算任务下达到 B 公司后，B 公司人力资源部门即组织开展台账数据收集与申报，台账填报人员可通过批量维护并导入的方式，完成台账的录入，录入的台账表如图 2-34 所示。

运行业务劳动定员台账（一）

电力调度控制对象	单位	数量		
		调度对象	监控对象	运维对象
±1100换流站	座	1.3	1.3	1.3
±800换流站		1.2	1.2	1.2
±660kV换流站		1.1	1.1	1.1
±500kV换流站		1.1	1.1	1.1
±400kV换流站		1.1	1.1	1.1
±166.7/±125/±120kV换流站		1.1	1.1	1.1
1000kV变电站		1.2	1.2	1.2
750kV变电站		1.1	1.1	1.1
500kV变电站		1.0	1.0	1.0
330kV变电站		1.0	1.0	1.0
220kV变电站		0.8	0.8	0.8
110（66）kV变电站		0.6	0.6	0.6
35kV变电站		0.3	0.3	0.3
10kV开闭站		0.1	0.1	0.1
10kV配电室		0.05	0.05	0.05

图 2-34　定员台账表示例

（2）模拟测算。当台账数据填报完成后，可进行模拟测算，并可将模拟测算结果导出查看，系统应用如图 2-35 所示。

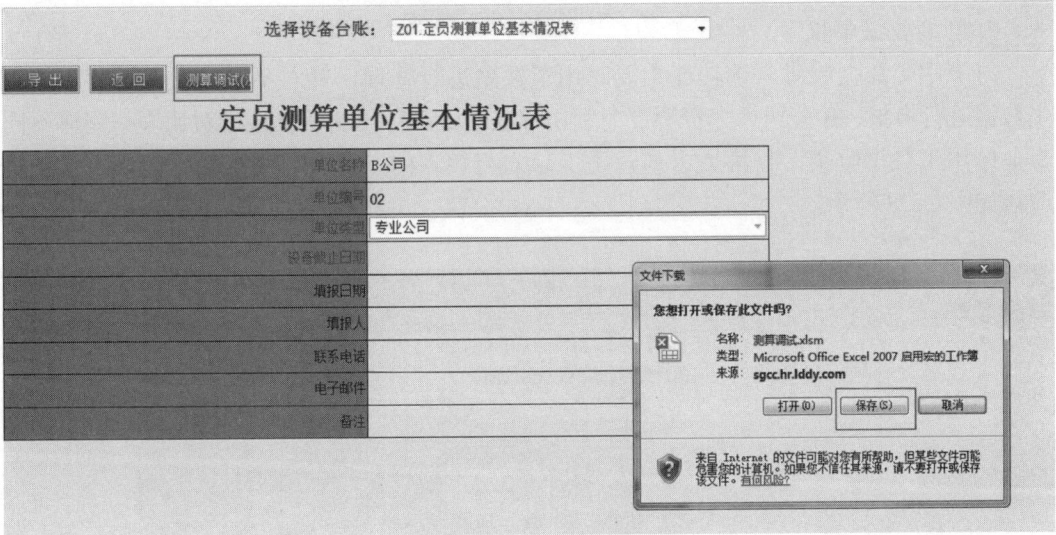

图 2-35　模拟测算页面

（3）劳动定员台账申报。在所有专业都完成台账数据导入后，将台账数据进行申报，提交至上级单位，系统应用如图 2-36 所示。

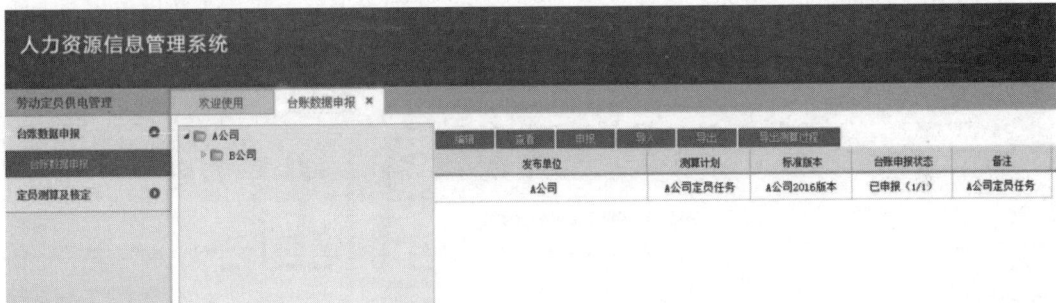

图 2-36　台账数据申报页面

（4）劳动定员台账审核。上级单位审核 B 公司申报的台账无误后，台账状态即变成已审核通过，系统应用如图 2-37 所示。

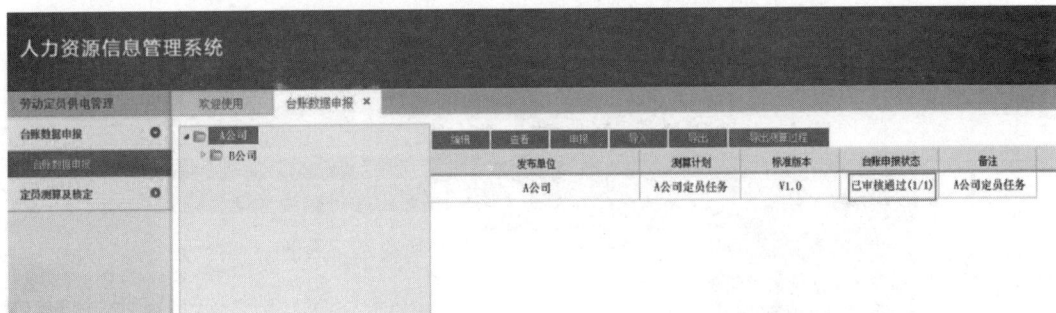

图 2-37　台账数据审核完成页面

4. 用工数据申报

（1）用工数据收集。该功能主要对用工数据进行管理，针对不同的专业对相应的用工数据进行申报，B 公司人力资源部门利用标准的劳动定员与实际用工对比表，完成不同专业的用工数据收集，收集后可通过手工录入与导入的方式进行用工数据的录入，系统应用如图 2-38 所示。

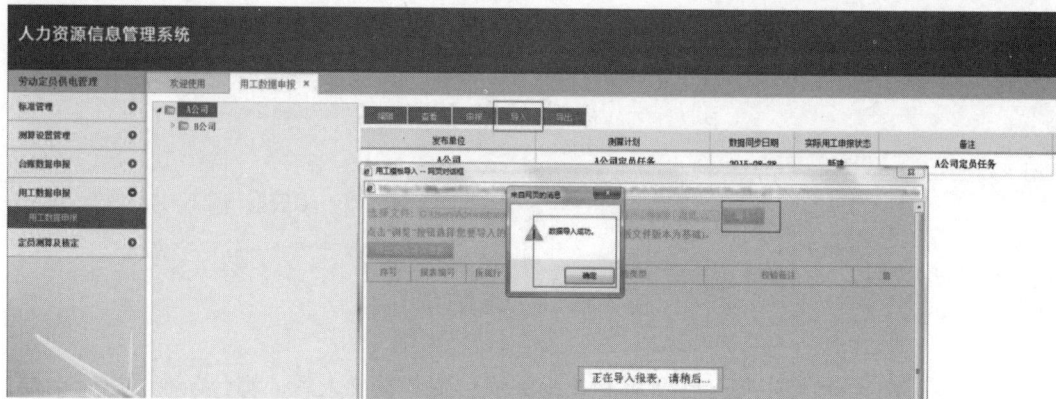

图 2-38　用工数据导入页面

（2）用工数据申报。B 公司人力资源部核对导入数据无误后，将用工数据申报至上级单位，系统应用如图 2-39 所示。

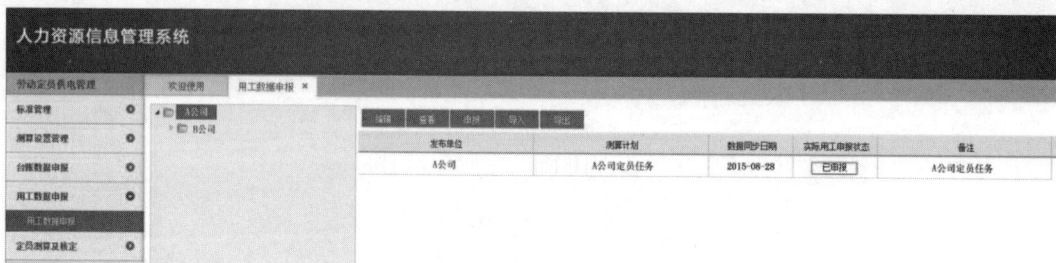

图 2-39　用工数据申报页面

（3）用工数据审核。上级单位对用工数据进行审核，审核通过后，系统中的状态变为已审核通过，系统应用如图 2-40 所示。

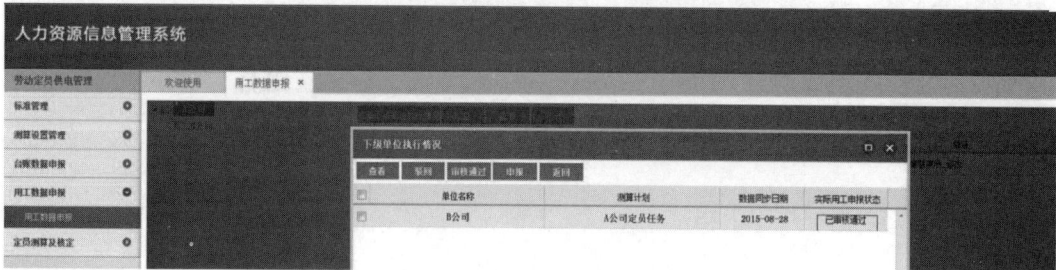

图 2-40　用工数据审核页面

5. 定员测算及核定

（1）定员测算。B公司根据台账与用工数据进行定员测算，并将结果报上级单位审批，系统应用如图2-41所示。

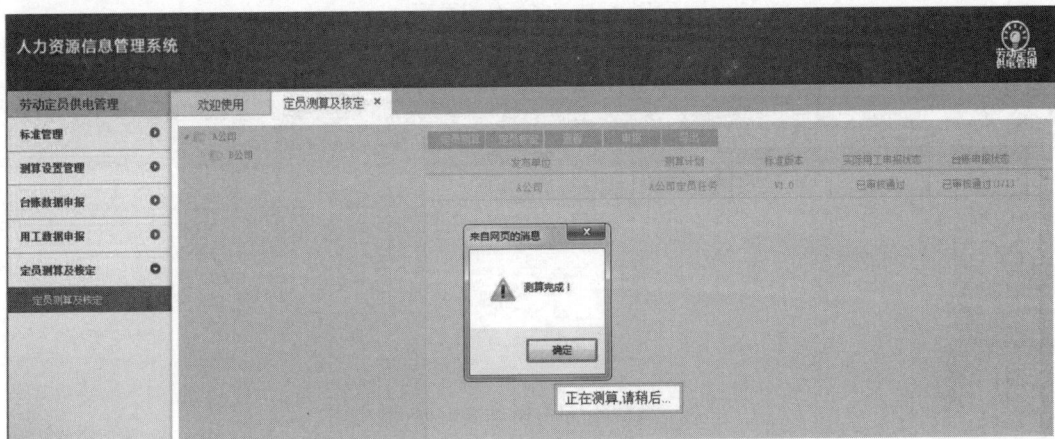

图2-41 定员测算完成页面

（2）定员核定及申报。B公司根据定员测算结果与用工数据开展定员核定，并将结果报上级单位进行审批，系统应用如图2-42所示。

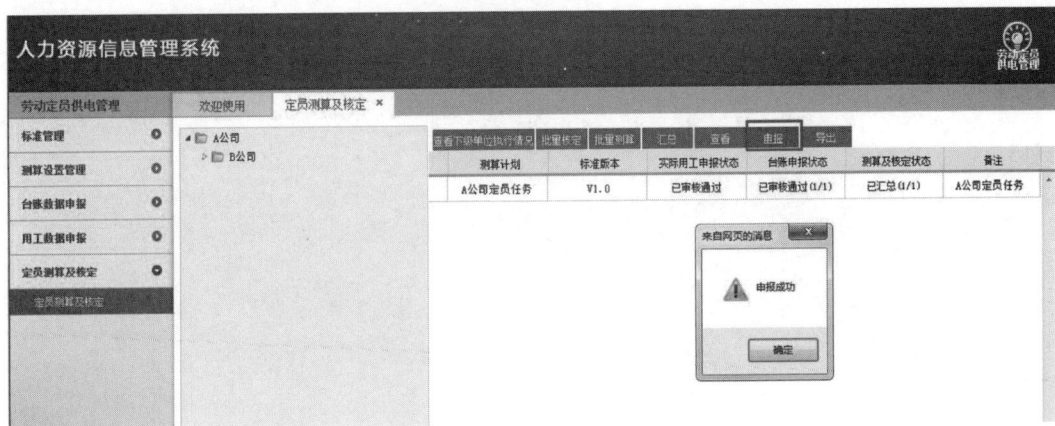

图2-42 定员测算结果申报页面

6. 定员分解

（1）定员分解。核定结果下达后，B公司专业部门进行定员的分解，定员分解可以手工在系统中填写，也可以通过导入模板完成，系统应用如图2-43所示。

（2）分解结果申报及审批。各专业部门完成定员分解后，B公司人力资源部门汇总分解结果，核实后进行申报。上级单位审批通过后，各级单位按审批完成的结果执行定员。系统应用如图2-44所示。

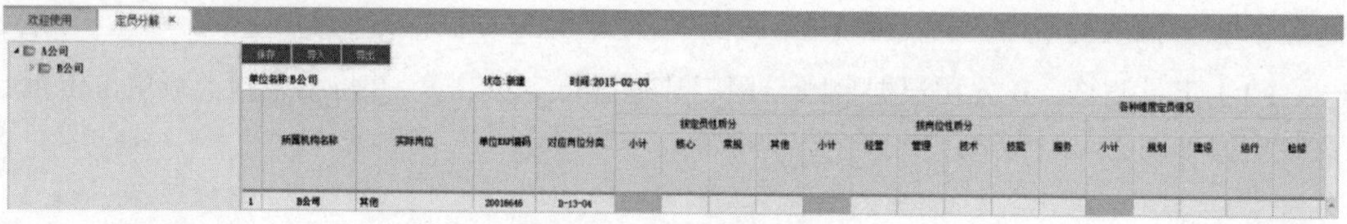

图 2-43 定员分解页面

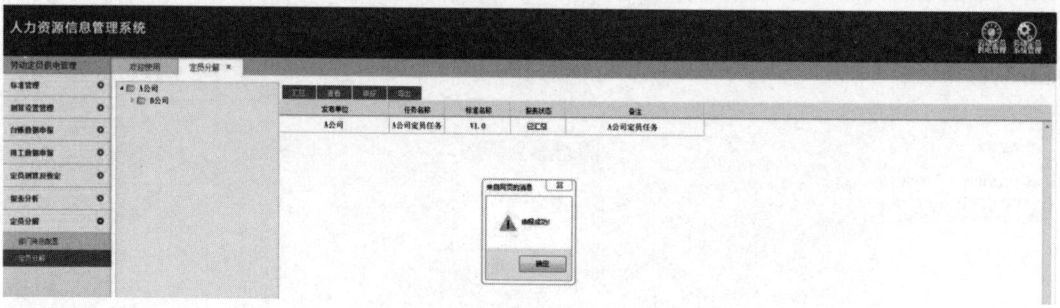

图 2-44 定员分解结果申报页面

3

员 工 管 理

员工管理是对企业员工从进入至退出的全过程进行管理的工作统称。本章阐述电网企业员工招聘、入职、实习、调动、晋升、离职等员工管理的一系列活动。通过 ERP HR 中的员工管理功能应用，电网企业实现人员在企业内部的职业发展路径全过程记录，以及主要人事信息的在线管理和分析，支撑、服务于员工职业生涯规划的实施。

3.1 员 工 入 职 管 理

3.1.1 员工入职管理概述

员工入职是指组织吸引和选择合格的潜在就职者到组织中工作，建立劳动关系的活动。

员工入职管理是根据组织战略和人力资源规划的要求，通过信息发布和科学甄选，招聘合格人员补充企业用工缺口的过程。主要包括招募、甄选、录用三个阶段：

（1）招募阶段。指企业通过发布信息，吸引有相应资格的人员前来应聘的活动。主要包括招聘计划的制订与审批、招聘渠道的选取、招聘信息的发布以及应聘者申请等。

（2）甄选阶段。根据企业用人条件和用人标准，对应聘者进行审查、比较和选择。主要包括简历筛选、选拔测试、对拟录用人员进行体检和背景调查等。

（3）录用阶段。企业和应聘者都做出决策，达成选择意向。主要包括录用决策、下发录用通知、审查资格、签订合同等。

3.1.2 员工入职管理流程

员工入职管理流程主要涉及各单位业务部门、各级人力资源部门及上级单位，总体流程如图 3-1 所示。

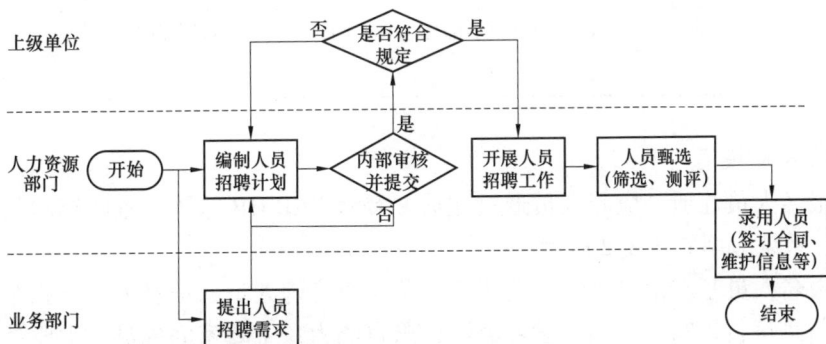

图 3-1 员工入职管理流程

以上流程要点及各部门职责如下：

（1）上级单位负责组织制定公司员工入职管理规定与相关规章制度，并督促各级单位遵照要求执行，严格把控各单位提出的员工入职计划及申请，控制公司整体用工数量。

（2）人力资源部门负责贯彻企业员工入职管理规章制度及相关规定，组织开展员工入职计划编制及审核，并通过招聘工作，开展人员的甄选与录用工作。

（3）业务部门负责根据本专业的人员配置情况及工作开展要求，提出员工招聘的需求，并提交人力资源部门进行汇总。

3.1.3　ERP HR 在员工入职管理的应用

员工入职管理包含制订招聘计划、发布招聘公告、甄选应聘人员，签订劳动合同等环节。通过 ERP HR 的招聘管理功能，实现了线上招聘、线下签订合同以及相关信息的在线存储。

ERP HR 中对于员工入职管理主要业务内容的对应功能如下：

（1）人员招聘管理。电网企业定期组织人员招聘工作，专责发布招聘信息。应聘人员在 ERP HR 中完成报名。人力资源部门组织考试、择优录取。

（2）员工入职流程管理。招聘后，人力资源部门专责启动 ERP HR 人员入职流程，维护新进人员的人事信息，分配岗位、设置薪酬等。

【案例】

B 公司新成立后，人员缺口较多，人力资源部门编制并发布了岗位招聘需求，明确岗位能力素质要求及招聘人数，向单位内外公开招聘各空缺岗位所需人员。

张东有着丰富的人力资源管理经验，报名并应聘劳动组织专员的岗位，通过资格审核、考试、考核等流程后被录用，见习期 3 个月。

1. 发布招聘信息

B 公司人力资源部门根据公司整体岗位缺员情况以及重点岗位人员补充的需求，编制并发布单位招聘信息，包括单位介绍、招聘安排、报名条件、需求信息、报名方式、考试信息等内容，明确招聘过程的注意事项。岗位需求用表格的形式列示，如表 3-1 所示。

表 3-1　　　　　　　　　　招聘需求信息示例

序号	招聘专业	学历层次	招聘人数
1	工程管理，工商管理，人力资源管理，法学及相关专业	本科及以上	约 15 人
2	电气工程及其自动化，电力系统及其自动化，电气工程	本科及以上	约 60 人
3	……	……	……

2. 应聘人员报名

（1）报名人员注册。应聘人员通过注册并登录 ERP HR 系统，查阅招聘信息，录入个人信息。系统应用如图 3-2 所示。

（2）报名人员基本信息登记。按照招聘单位对应聘人员的信息需求，张东对自己的各项人事信息进行填写，包括"学习经历、语言能力、主要家庭成员、主要社会实践或工作经历"等，系统应用如图 3-3 所示。

图 3-2   应聘人员登录后录入个人信息页面

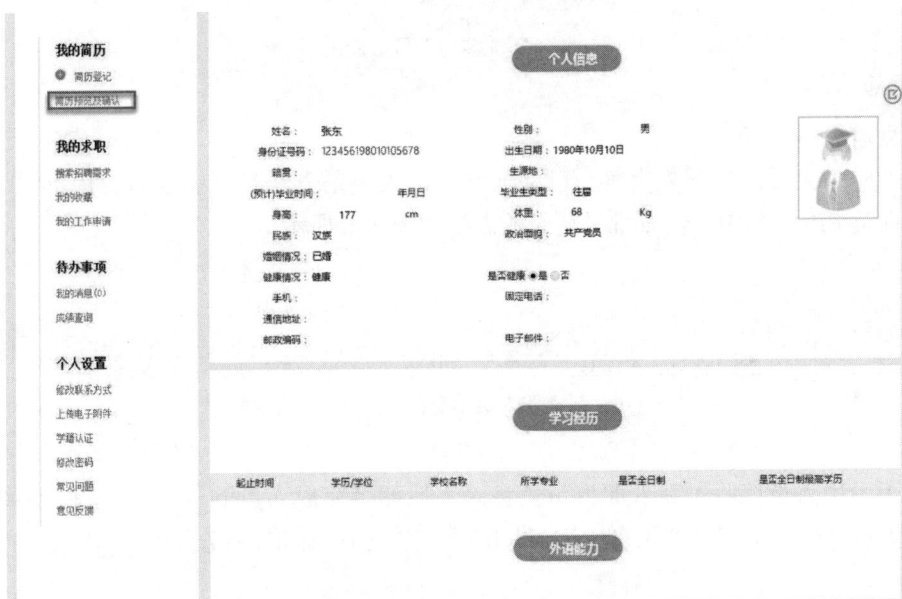

图 3-3   应聘人员登录后录入个人简历页面

（3）意向单位申请。完成基本信息录入后，张东通过查看已发布的招聘公告，确定 B 公司为意向单位，并进行报名、申请工作岗位，系统应用如图 3-4 所示。

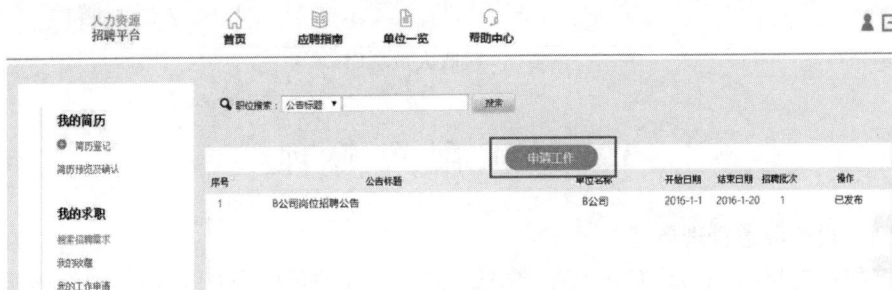

图 3-4   查看招聘公告页面

3. 应聘人员甄选

B 公司人力资源部门招聘专员统计所有应聘报名人员信息，进行资格筛选，确定可参与下一步考试考核的人选名单，开展考试考核，择优选择拟录用人员，经公示后与被录用人员签约。系统应用如图 3-5 所示。

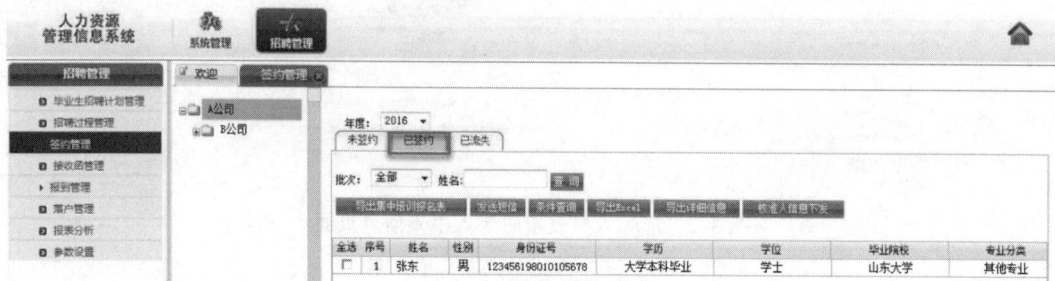

图 3-5　签约人员页面

4. 应聘人员录用

（1）应聘人员信息补充完善。已完成签约的人员信息经补充完善后，用批量导入的方式转存至 ERP HR 中，信息批量转录的表格如图 3-6 所示。

图 3-6　新入职人员信息批量导入表格示例

（2）录用人员接收。新入职人员信息录入后即可完成人员的录用与接收，系统自动为录用人员分配员工编号"张东（30035607）"。系统应用如图 3-7 所示。

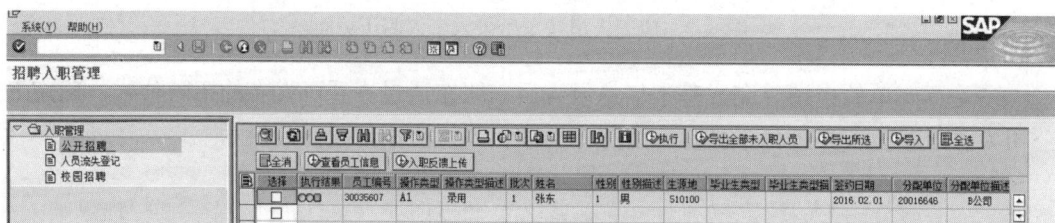

图 3-7　接收人员页面

3.2　员 工 配 置 管 理

3.2.1　员工配置管理概述

员工配置是指按照各岗位的任务要求，将招聘到的员工分配到企业的具体岗位上，并通过调整、组合，赋予员工具体的职责、权利，实现人力资源与物力、财力等资源的有效结合，使得岗得其人、人适其岗、适才所适、人事相宜。

员工配置管理是指根据要素有用、能位对等、互补增强、动态适应和弹性冗余的原则，通过调动、晋升、降级、岗位轮换、实习、储备等手段，让员工在组织内部岗位发生变化或者转移的过程。主要包括：

（1）人岗同步配置。人事关系与组织、岗位关系对应，随配置变动调整，如调动、晋升等。

（2）人岗差异配置。人事关系与组织、岗位关系不对应，不随配置变动调整，如借用、挂职、待岗等。

3.2.2　员工配置管理流程

员工配置管理流程主要涉及各单位业务部门、各级人力资源部门及上级单位，总体流程如图 3-8 所示。

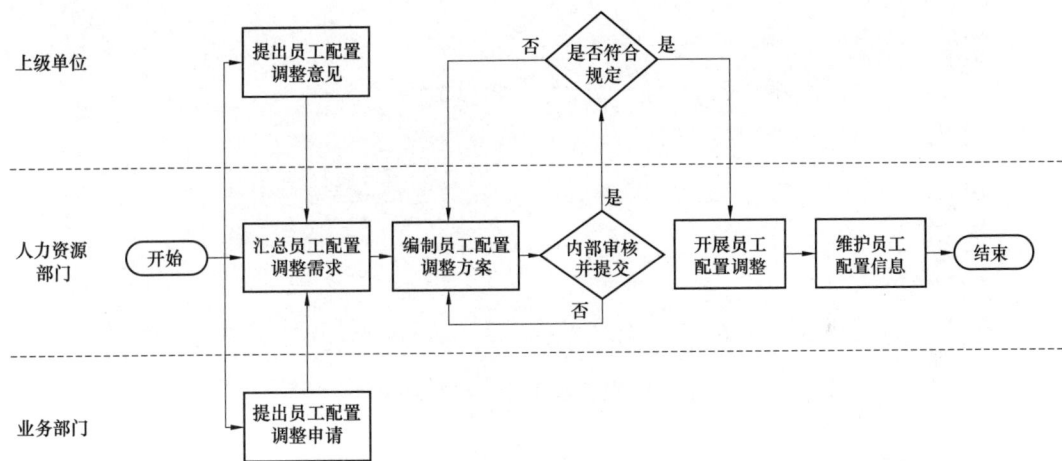

图 3-8　员工配置管理流程

以上流程要点及各部门职责如下：

（1）上级单位负责制定员工配置标准及管理制度，负责根据公司发展需要，结合人员配置现状，提出人员配置调整意见，负责审批各单位提交的人员配置调整。

（2）人力资源部门负责贯彻上级单位制定的员工配置管理标准规章制度，按照要求开展人员配置的需求收集汇总、编制方案、内部审核及信息维护等相关工作。

（3）业务部门负责本部门人员配置调整需求的提出、汇总及上报。

3.2.3　ERP HR 在员工配置管理的应用

ERP HR 中的员工配置管理功能以工作流的形式存在，为不同的配置类型设置不同的变动事件，适配不同的工作流程，实现员工配置所涉及的各项业务在 ERP HR 系统中的顺畅流转。

ERP HR 中对于员工配置管理主要业务内容的对应功能如下：

员工管理工作流（人员变动）。根据人员在单位内部的配置需要，启动对应的工作流，维护人员变动相关信息。

【案例】

B 公司人力资源部门在业务开展过程中，发现因为单位新成立，招聘工作任务量大，当前兼职开展招聘工作的人员不足以满足招聘工作的需要，需要配置全职的招聘人员，故向上级单位申请一名有经验的招聘专员，上级单位拟安排 C 公司汪玉（"30043060"）调入 B 公司进行业务支撑。

1. 启动调动工作流

人力资源部门启动人员调动工作流程，在工作流启动页面中选择业务类型为"人员变动"，变动原因选择"调动"，选择被调动人员的员工编号汪玉"30043060"，按照人员调动通知下达内容填入人事变动时间、变动原因、调入单位、调入部门及岗位等相关信息，执行工作流，系统应用如图 3-9、图 3-10 所示。

图 3-9　员工管理工作流启动页面

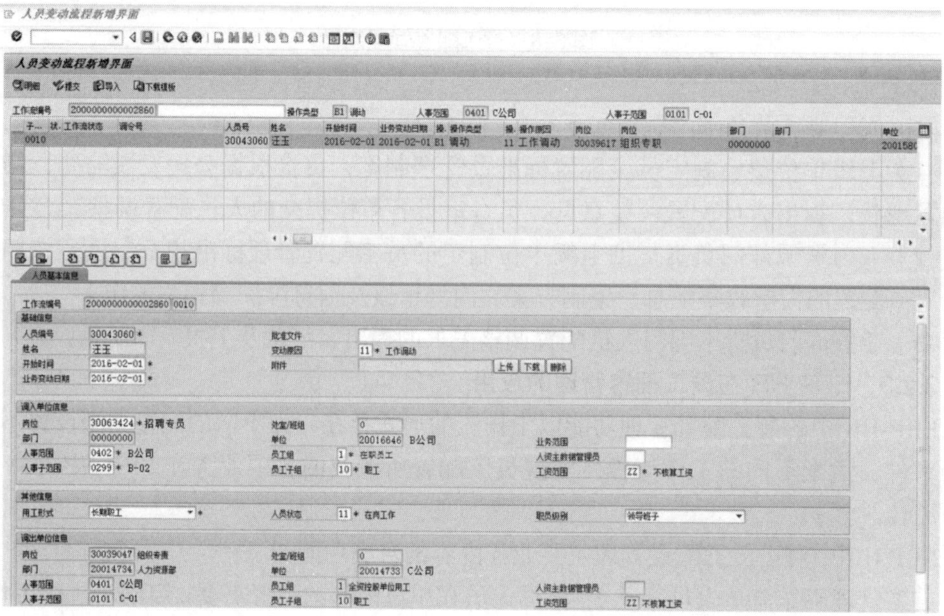

图 3-10　录入调动人员信息

2.调动工作流审批

人员调动工作流发起后，按照设置的审批层级不同，流程会流转至不同的审批环节，案例中人员"汪玉"从C公司调动至B公司的情况，需要二级审批，由上级单位人力资源部门负责人进行审核，再由上级单位人力资源分管领导审批后，流程执行完成，员工的调动即完成。从调动之日起，汪玉开始在B公司人力资源部门工作，并由B公司从2月1日起核发工资与奖金。系统应用如图3-11、图3-12所示。

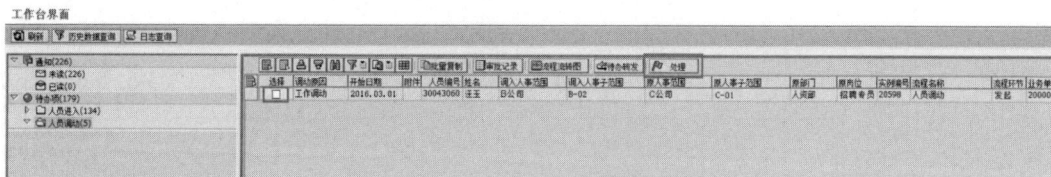

图3-11 调动清单审批页面

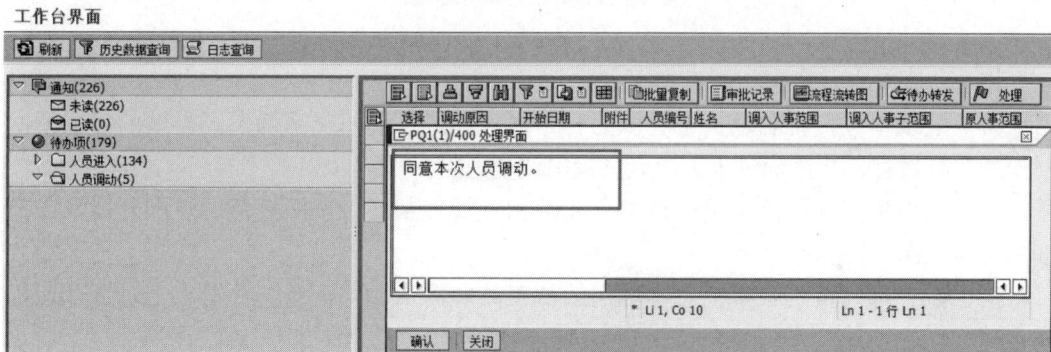

图3-12 调动审批具体页面

3.3 员 工 离 职 管 理

3.3.1 员工离职管理概述

员工离职是指组织与员工出于各自利益考虑，或因不可抗力发生，双方解除（终止、中止）劳动关系。员工离职是人力资源管理的最终环节，是保证人力资源在社会范围内合理调配，保障组织良性发展和个人成长的需要，是构建和谐的劳动关系，是人力资源工作取得实效的保障。

员工离职管理是指组织根据法律法规、行业特点、自身需求等，通过完善退出机制、辨析离职原因等措施，合理管控离职情形的发生，规范员工离职相应流程的操作，合理管控离职情形的发生。主要包括终止劳动合同、解除劳动合同等。

（1）终止劳动合同。劳动合同期满，或约定、法定的终止情形出现，劳动关系不再存续的行为，如到期终止、退休、死亡、企业破产等。

（2）解除劳动合同。劳动合同未全部履行前，由于某种原因，一方或双方当事人提前结束劳动关系的行为，包括双方协商解除、劳动者单方解除和用人单位单方解除等三种情况。

3.3.2 员工离职管理流程

员工离职管理流程主要涉及各单位业务部门、各级人力资源部门及上级单位，总体流程如图 3-13 所示。

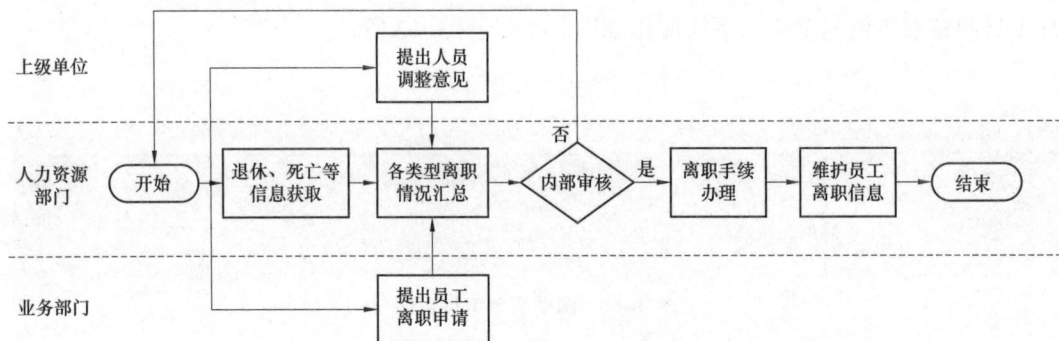

图 3-13　员工离职管理流程

以上流程要点及各部门职责如下：

（1）上级单位负责制定员工离职的管理规范和操作说明，明确不同类型的离职情况对应的执行过程，并负责对于离职人员提出调整意见。

（2）人力资源部门负责贯彻员工离职的相关管理制度，按照规范的要求开展员工离职的各项工作。

（3）业务部门负责收集汇总本部门的员工离职需求，初审后向公司人力资源部门提出申请。

3.3.3 ERP HR 在员工离职管理的应用

ERP HR 中的员工离职管理以工作流的形式满足调出、退休、离休、离开、死亡等不同类型的业务开展需求，通过工作流的方式，完成所有离职相关信息的维护与存储。

ERP HR 中对于员工离职管理主要业务内容的对应功能如下：

员工离职工作流。按照人员离开单位的不同类型和原因，设置了不同类型的工作流，每个工作流所对应的信息与内容有略微差异，能够匹配不同类型的离职业务。

【案例】

某电网企业销售部门销售经理康俊因个人原因，与公司协商决定解除劳动合同，从单位离职。人力资源部门劳动组织专员了解其离职原因，并对离职各项工作的合法合规性进行确定后，在 ERP HR 系统中启动离职工作流，通过审批后，完成康俊的离职事件。

1. 启动离职工作流

劳动组织专责启动人员离职工作流，在工作流页面中选择康俊对应的人事信息，按照离职类型及业务发生的日期，录入相关信息，并执行工作流，系统应用如图 3-14、图 3-15 所示。

2. 审批工作流

离职申请按照公司离职业务管理的要求，经由人力资源部门负责人审批后，ERP HR

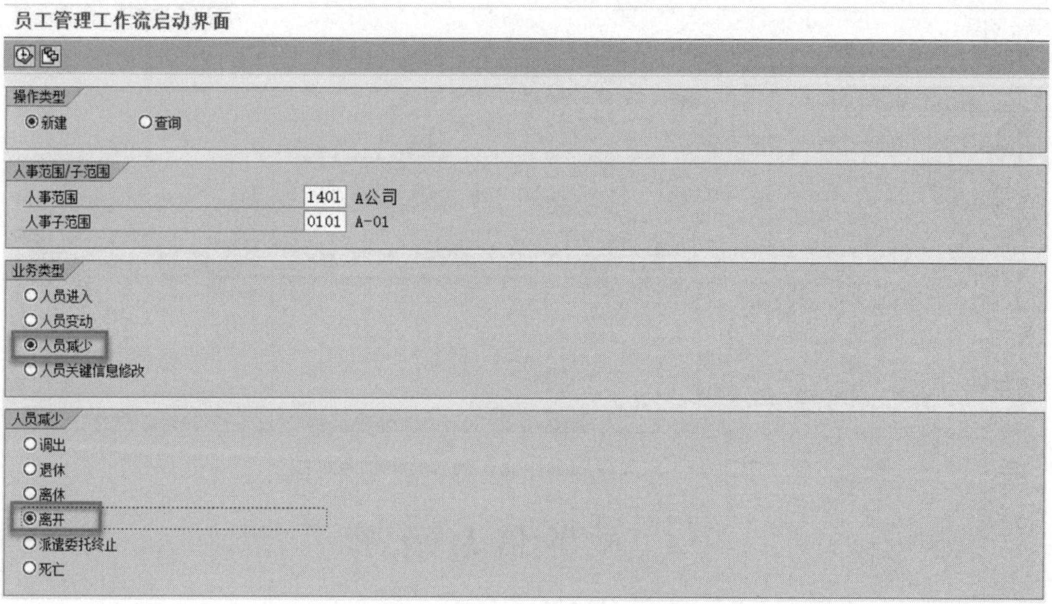

员工管理工作流启动界面

图 3-14　启用人员离职工作流页面

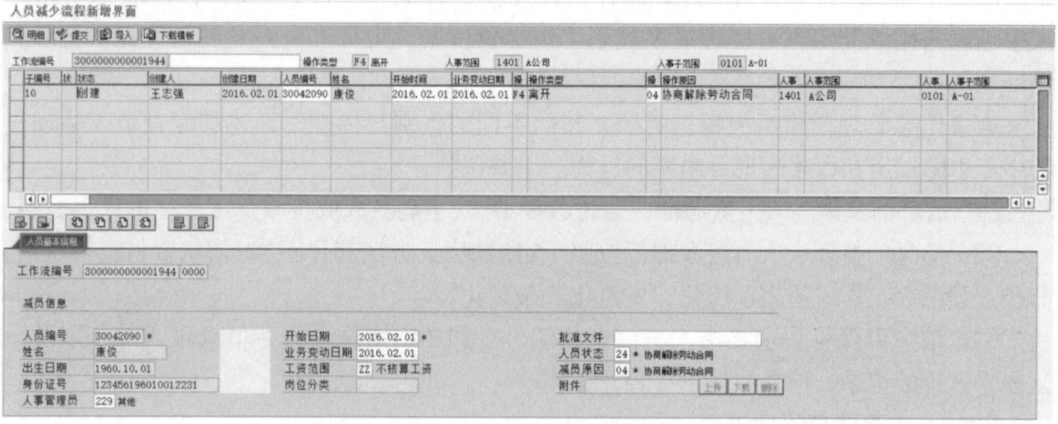

图 3-15　人员离职工作流维护页面

自动将人员的相关信息进行调整，通过查看人事事件可以确认康俊的离职申请是否完成，系统应用如图 3-16、图 3-17 所示。

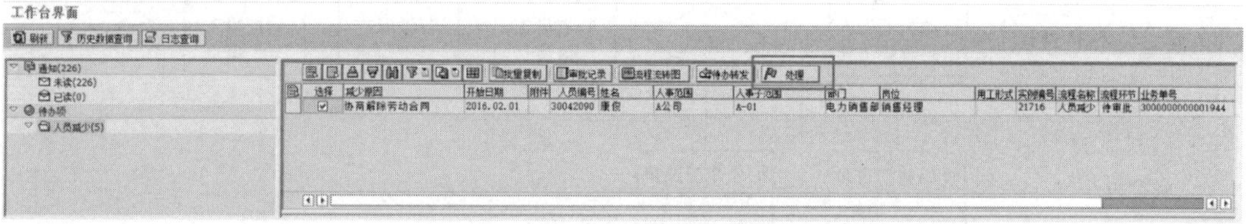

图 3-16　人员离职工作流审批页面

操作 列表

图 3-17 人员离职工作流完成后员工状态页面

3.4 人事信息管理

3.4.1 人事信息管理概述

人事信息是指组织在了解员工履职过程中形成的，能反映员工真实情况的个人经历、思想品德、业务能力等资料。是确保各项人力资源基础工作连续一致、准确高效的基础。人事信息为组织制定人力资源战略规划工作提供依据，为员工个人发展轨迹提供记录和凭证。

人事信息管理是指组织根据需要，按照不同的类别与标准，记述和保存员工活动过程中产生的经历和德才表现等内容的行为。主要包括：

（1）信息的收集。人力资源部门通过各种渠道，主动获取或接收员工产生的人事材料。

（2）信息的整理。人力资源部门按照一定的规则、方法和程序，对信息资料进行鉴别、归类、登记等工作，使之系统化、规范化、条理化。

（3）信息的保管。主要指人事信息的编号、归档、实物存放、信息录入等，以及上述操作过程的记录、检查和保密等相关工作。

3.4.2 人事信息管理流程

人事信息管理流程主要涉及各单位业务部门、各级人力资源部门及上级单位，总体流程如图 3-18 所示。

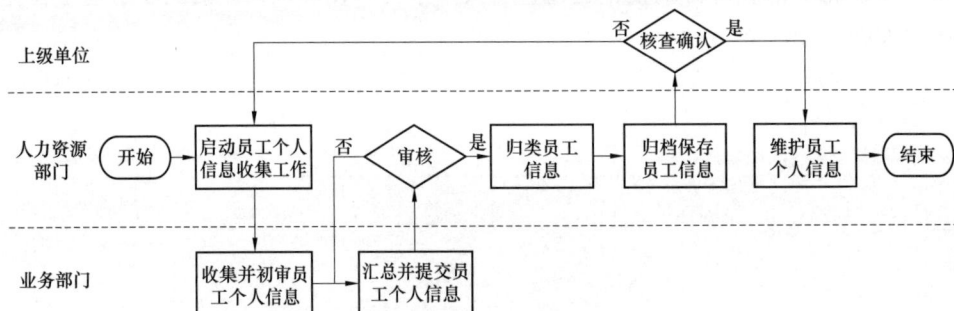

图 3-18 员工人事信息管理流程

以上流程要点及各部门职责如下：

（1）上级单位负责指导各单位开展员工信息管理工作，制定相关信息收集核实的计划以及规范信息审核收录的流程，负责对提交的员工信息进行核查确认。

（2）人力资源部门是开展员工信息管理的主体部门，执行上级单位下达的工作任务，开展本单位员工信息的收集、汇总、归类、审核、保存以及录入等工作。

（3）各业务部门汇总本部门员工人事信息，初审后提交人力资源部门。

3.4.3 ERP HR 在人事信息管理的应用

ERP HR 中，人力资源管理业务基本以工作流形式流转，对未能在工作流体现的人事信息，可通过人事信息管理功能进行补充完善。

ERP HR 中对于人事信息管理主要业务内容的对应功能如下：

人事信息维护。ERP HR 中的人事信息以信息类型的形式存储在系统中，人事信息维护功能，可以对各人事信息类型进行增加、修改、删除、定界的操作，满足人事信息维护的灵活性要求，并确保人事信息的历史信息可追溯性与唯一性。

【案例】

以家庭成员信息为例，张东入职后第二年，家庭成员增加了女儿，需要在 ERP HR 中补充他家庭成员中的子女信息。

人事信息维护。张东提供出生证明、户口登记等证明材料，经所在单位人力资源部门审核后，由人力资源部门信息管理人员在 ERP HR 中进行家庭成员信息更新，系统应用如图 3-19、图 3-20 所示。

图 3-19　人员信息管理主页面

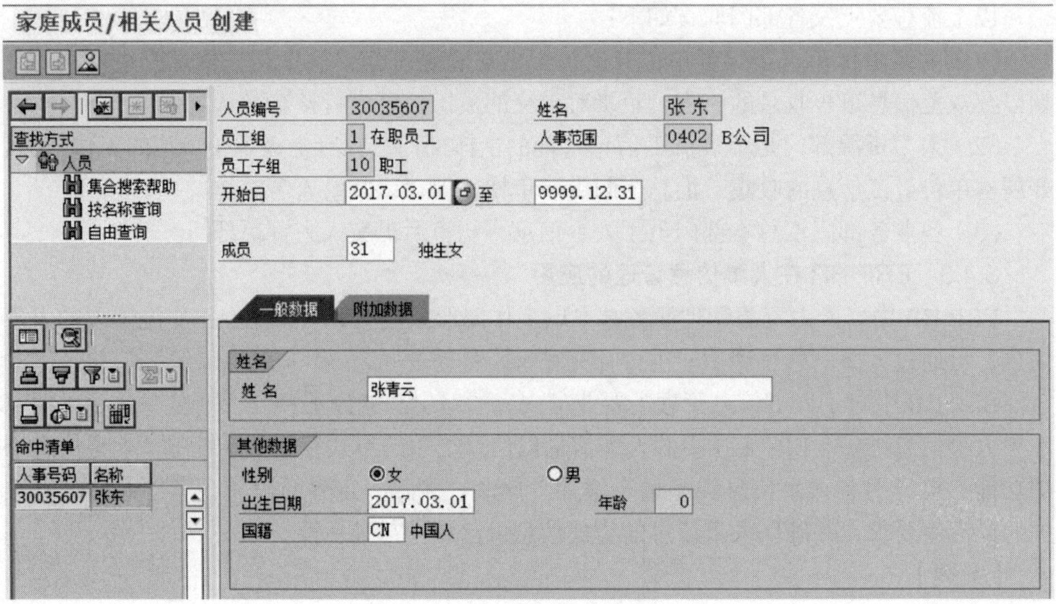

家庭成员/相关人员 创建

人员编号	30035607	姓名	张 东
员工组	1 在职员工	人事范围	0402 B公司
员工子组	10 职工		
开始日	2017.03.01 至	9999.12.31	

成员　31　独生女

查找方式
▽ 人员
　集合搜索帮助
　按名称查询
　自由查询

命中清单
人事号码	名称
30035607	张东

一般数据　附加数据

姓名
姓 名　张青云

其他数据
性别　◉女　○男
出生日期　2017.03.01　年龄　0
国籍　CN 中国人

图 3-20　维护家庭成员页面

薪酬福利管理

薪酬福利管理是人力资源开发与管理中的一项重要内容。薪酬福利管理的科学性、合理性，不仅关系到员工个人的切身利益，也将直接影响企业的人力资源效率和劳动生产率，最终会影响企业的战略目标能否实现。本章主要介绍薪酬管理、保险管理和福利管理的主要工作内容和管理实施流程。通过 ERP HR 薪酬福利模块功能的应用，电网企业实现薪酬福利信息化的全面覆盖、统一管控和规范管理，加强了人资业务与其他各业务的融合和共享。

4.1 薪 酬 管 理

4.1.1 薪酬管理概述

薪酬是指员工向其所在单位提供所需要的劳动而获得的各种形式补偿，是单位支付给员工的劳动报酬。

薪酬管理，是在组织发展战略指导下，对员工薪酬支付原则、薪酬策略、薪酬水平、薪酬结构、薪酬构成进行确定、分配和调整的动态管理过程。合理的薪酬制度是保护和激励员工的工作积极性、提高企业生产效率的重要保障。薪酬管理制度主要涵盖岗位工资制、技能工资制、绩效工资制、特殊群体工资制（例如经营者年薪制、团队工资制度）。薪酬管理的内容主要包括：

（1）工资总额管理。工资总额是指在一个会计年度内支付各类用工的劳动报酬总额，依据年度生产经营目标和人力资源管理要求，对工资总额计划的编制、审批、执行、监督与考核实施全过程管理的活动。

（2）企业负责人薪酬管理。企业负责人薪酬与其他职工薪酬分开管理，实行年薪制，与其责任、风险和经营业绩相挂钩，主要目的在于促进企业持续健康发展和形成合理有序收入分配格局。企业负责人的薪酬主要由基本薪金和绩效薪金两部分构成。

（3）企业一般职工薪酬管理。企业一般职工薪酬管理由各企业根据各自战略目标和经营生产实际进行内部薪酬水平设计、薪酬结构设计，制定相应的薪酬分配制度，并实施薪酬激励和工资调整的过程。

（4）薪酬日常管理。企业薪酬日常管理主要由人力资源部负责实施，一般以月度为单位，根据企业的岗位工资、绩效工资等分配办法，以及员工的实际岗位和考核情况，确定员工工资分配结果，编制工资发放清单，核算工资发放额度、社保扣缴费用、工资计税等，最终由财务部门将工资转入职工工资卡的过程。

电网企业的薪酬管理工作实行统一领导、统一制度、集约管理、分级负责，以岗位绩效工资制度为基本模式，与岗位价值、绩效贡献、能力素质三个要素相挂钩，实施差异化工资分配制度，形成收入能增能减的激励约束机制。

4.1.2　薪酬管理流程

薪酬管理流程主要涉及各单位业务部门、各级人力资源部门及上级单位，流程如图 4-1 所示。

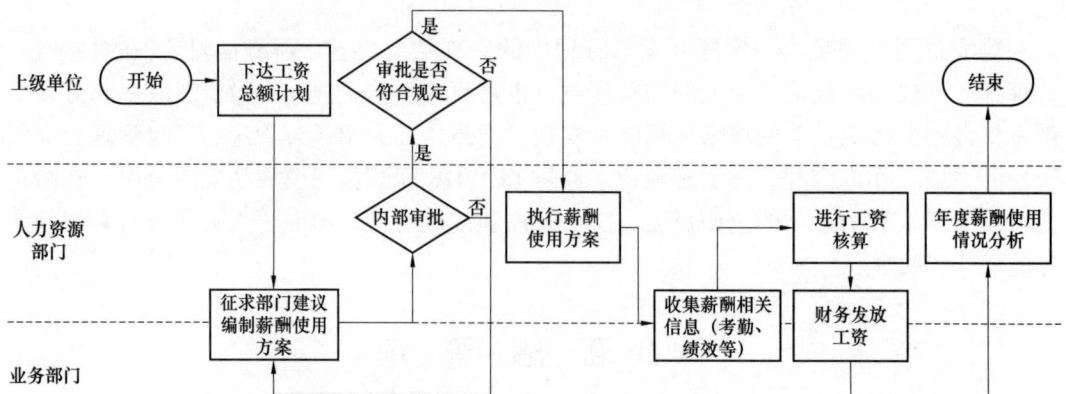

图 4-1　薪酬管理流程

以上流程要点及各部门职责如下：

（1）上级单位负责核定并下达所属单位年度工资总额，组织所属单位开展工资分配制度建设，监督审核所属单位薪酬使用情况。

（2）人力资源部门负责贯彻落实国家法律法规、上级单位的薪酬制度标准及其他规范性文件；负责本单位职工工资总额计划执行、工资分配等管理工作；负责薪酬的日常核算、统计、分析和调整工作。

（3）业务部门负责提出薪酬分配方案的建议；负责本部门职工的加班、考核情况统计；负责对其所主管单位的考核并将考核结果报送人力资源部。财务部门负责工资的最终发放和个税核算缴纳。

4.1.3　ERP HR 在薪酬管理的应用

ERP HR 中的薪酬管理功能可提供对电网企业薪酬政策的全面支持，方便管理层对薪酬进行规划和管理，同时提供灵活、可配置的薪酬核算规则，适用于不同薪酬制度，满足人力资源部门对不同单位层级、不同类型人员的薪酬管理需求。

ERP HR 中对于薪酬管理主要业务内容的对应功能如下：

（1）工资总额计划管理。ERP HR 中引入工资项的概念来存储薪酬相关的各类项目金额，通过对各类用工工资项的维护以实现工资总额的存储；引入工资范围的概念来区分不同类型的核算模式，通过对各工资范围进行薪酬核算以实现工资总额的发放管理；通过薪酬过账以实现工资总额从人资到财务的衔接。

（2）企业负责人薪酬管理。ERP HR 中通过支付等级类型来区分企业负责人及其他员工的薪酬管理模式；并用特定工资项来存储企业负责人薪酬数据，以进行后续核算、过账等业务操作。

【案例】

C公司人力资源部门按照上级单位薪酬管理规章制度要求，为公司内部各单位各级人员制定了要求统一、标准规范的薪酬体系，按照岗位、职务级别、职称等，综合确定职工的基本工资。职工李强进入公司后的综合评价为级别 10，等级 12，基本工资 1680 元。薪酬专员维护李强的各项工资数据，并核算其 3 月份工资，完成过账。薪酬体系如图 4-2 所示。

PS组	Lv	工资项	开始日期	结束日期	金额	货币
		8000	2009.06.01	9999.12.31	0.00	RMB
1	1	8000	2009.06.01	9999.12.31	1,000.00	RMB
10	11	8000	2009.06.01	9999.12.31	1,500.00	RMB
10	12	8000	2009.06.01	9999.12.31	1,680.00	RMB
10	13	8000	2009.06.01	9999.12.31	1,864.80	RMB
10	14	8000	2009.06.01	9999.12.31	2,051.28	RMB
10	15	8000	2009.06.01	9999.12.31	2,235.90	RMB
10	16	8000	2009.06.01	9999.12.31	2,414.77	RMB
10	17	8000	2009.06.01	9999.12.31	2,583.80	RMB
10	18	8000	2009.06.01	9999.12.31	2,738.83	RMB
10	19	8000	2009.06.01	9999.12.31	2,875.77	RMB
10	20	8000	2009.06.01	9999.12.31	2,990.80	RMB
10	21	8000	2009.06.01	9999.12.31	3,080.52	RMB
10	22	8000	2009.06.01	9999.12.31	3,172.94	RMB

图 4-2 薪酬体系页面

1. 薪酬数据维护

（1）确定基本工资。薪酬专责通过 ERP HR，确定李强基本工资为 1680 元，系统应用如图 4-3 所示。

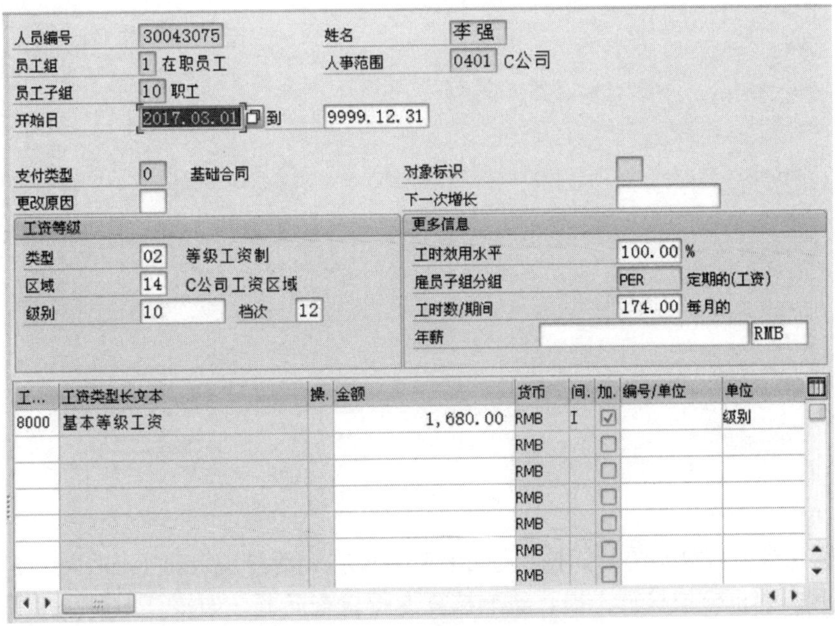

图 4-3 基本薪资维护页面

（2）录入奖金信息。3月份因工作表现突出，李强获得3000元月度奖金的奖励，薪酬专责在 ERP HR 中用"额外支付"工资项，为李强增加金额为3000元的月度奖记录，系统应用如图4-4所示。

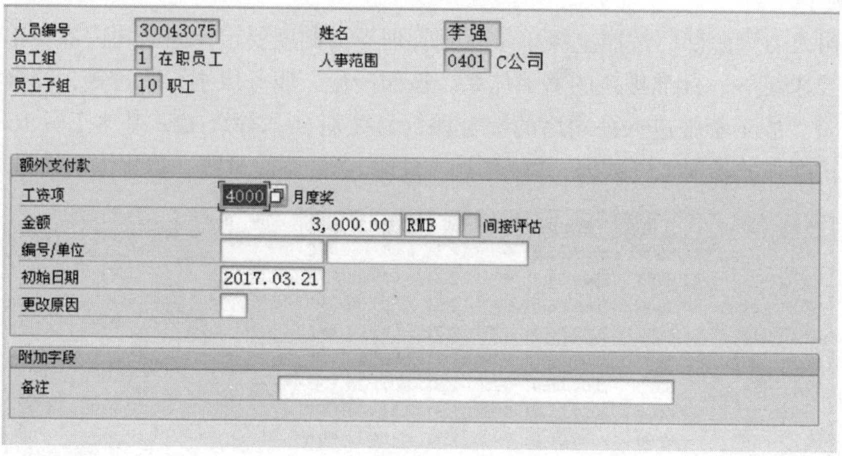

图4-4　月度奖金维护页面

2. 薪酬核算

（1）模拟核算工资。3月份李强的基本工资与奖金确定后，薪酬专责在 ERP HR 中，对他所在的 C 公司工资核算范围"C1"进行模拟核算，系统应用如图4-5所示。

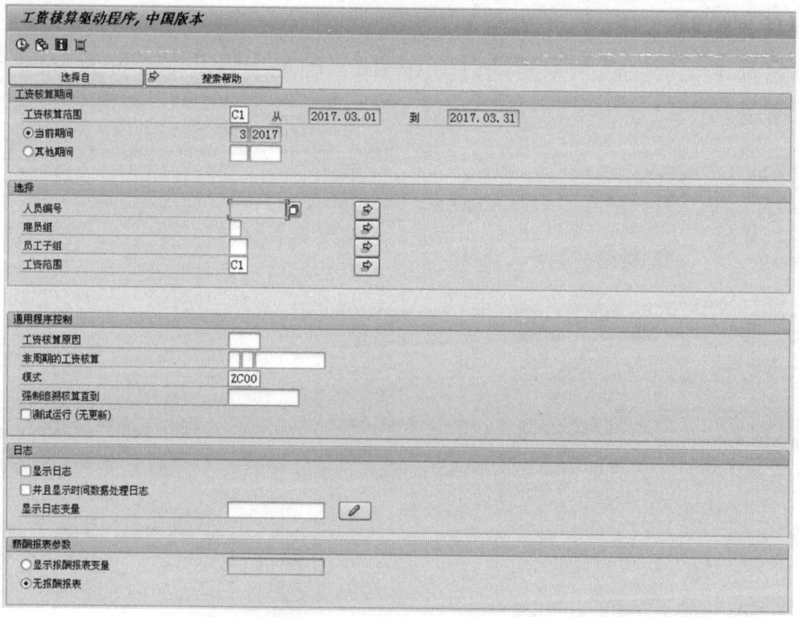

图4-5　核算工资页面

（2）确认模拟核算结果。如核算过程存在薪酬数据维护或逻辑上的问题，ERP HR 会以告警的形式中止模拟核算，提示薪酬核算专责检查问题。如核算无误，薪酬专责在结果页面中，可以看到参与模拟核算的人员工资及奖金核算结果。系统应用如图4-6所示。

图4-6 工资模拟核算完成页面

（3）启动工资正式核算。模拟核算无误后，薪酬专责正式启动C公司的2017年3月薪酬核算工作，系统应用如图4-7所示。

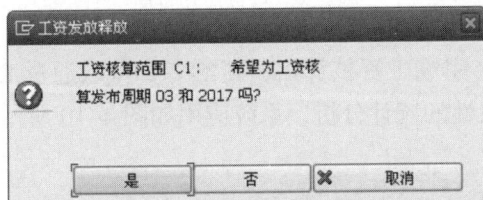

图4-7 发布工资核算周期页面

（4）正式核算工资。薪酬专责通过执行正式的工资核算程序，对2017年3月份的工资数据进行核算，ERP HR会根据预置的工资核算程序，进行数据自动加减以及薪资计税，系统应用如图4-8所示。

图4-8 正式核算工资页面

（5）查看核算日志。薪资管理人员可在ERP HR完成薪资计算后，查阅相应的计算日志，来确认核算的执行结果，系统应用如图4-9所示。

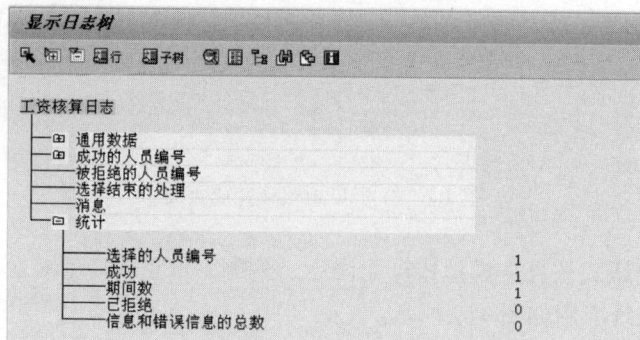

图 4-9 核算成功页面

（6）导出核算结果。完成工资核算后，薪酬专责可以通过 ERP HR 查看和导出人员薪酬报表，便于进行阶段性的统计分析，系统应用如图 4-10 所示。

图 4-10 查看薪酬核算汇总明细结果

3. 薪酬过账

薪酬专责负责薪酬过账，通过 ERP HR 中的过账功能，将工资核算结果过账为财务凭证进行记账。

（1）模拟过账。在 ERP HR 中，薪酬专责在进行薪酬正式过账前，需要进行模拟过账，验证过账过程的正确性，便于检查纠错，系统应用如图 4-11 所示。

图 4-11 创建模拟过账运行页面

（2）模拟过账结果检查。模拟过账后，薪酬专责检查结果的准确性，系统应用如图4-12所示。

图4-12 模拟过账结果页面

（3）正式过账。模拟过账核实无误后，薪酬专责执行正式过账程序，系统应用如图4-13所示。

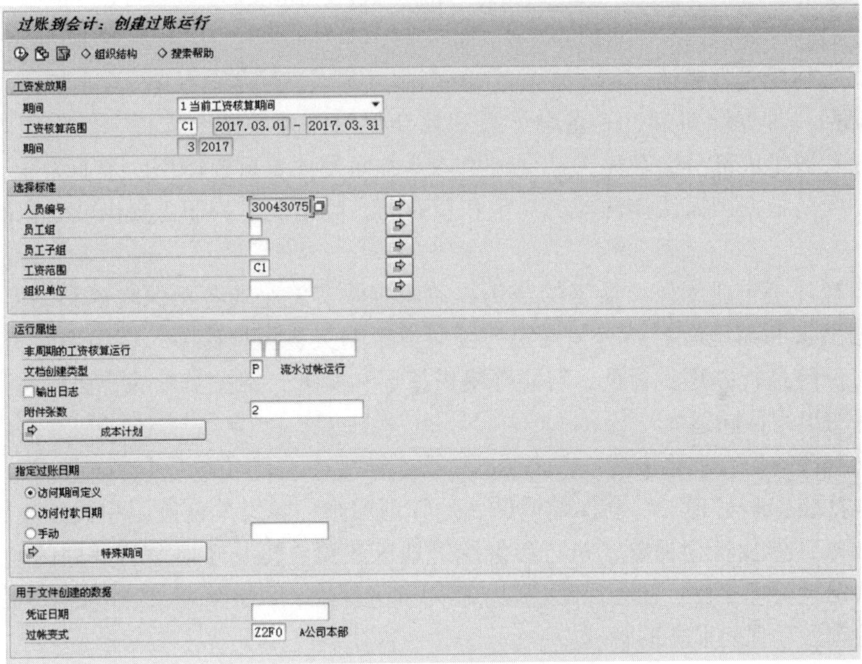

图4-13 正式过账运行页面

（4）生成财务凭证。薪酬专责负责检查并释放正式过账凭证，生成财务会计凭证，系统应用如图4-14、图4-15所示。

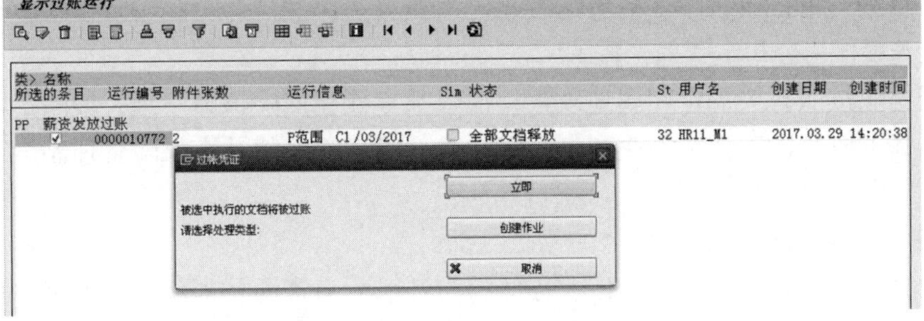

图4-14 准备释放过账页面

过账到核算：文件概览

过账凭证	公司	过账日期	类>	运行编号	状态	用户名	创建日期	创建时间
0000011699	A001	2017.03.07	PP	0000010772	释放的	HR11_M1ENJX	2017.03.29	14:20:39
0000011700	A001	2017.03.07	PP	0000010772	释放的	HR11_M1ENJX	2017.03.29	14:20:39

图 4–15　释放过账完成页面

4.2 保　险　管　理

4.2.1　保险管理概述

保险是一种保障机制，是金融体系和社会保障体系的重要支柱，保险作为社会保障体系的有效组成部分，在完善社会保障体系方面发挥着重要作用。企业为职工所提供的保险主要是根据国家法律法规的规定和企业的实际情况，为职工提供社会保障和企业保障。

保险管理是企业为保障员工的合法权益而有效实施企业各项保险福利制度的总称。企业根据国家和当地政府的有关规定为公司员工购买各类型保险，审核保险费用预算，并对员工保险进行办理、管理、转移等提供指导和服务，维护员工的合法权益，提高员工对企业的组织认同感。

保险管理的内容主要包括：

（1）社会保险管理。社会保险遵循属地管理原则，各级单位按照相关法律法规和公司管理要求，参加社会保险，执行参保统筹地区政策，接受政府监管部门的监督检查，做好社会保险管理工作。社会保险管理包括对养老保险、医疗保险、失业保险、工伤保险、生育保险等各项保险业务的管理。

（2）企业补充保险管理。企业补充保险是企业按照国家和地区法律法规要求，在国家政策鼓励下，自主举办或参加的一些补充性质的保险，例如补充养老或补充医疗保险，补充保险的建立，进一步保障了员工合理的待遇，提升了员工的工作积极性。

（3）住房公积金管理。公司依法制定住房公积金管理制度，统一住房公积金缴存政策，对关键节点进行审批或备案。各单位按照国家相关法律法规和公司管理要求，组织所属缴存单位开展住房公积金管理工作。

电网企业按照有关规定和属地政策，加强基本社会保险保障管理，按时足额缴纳基本养老、基本医疗、工伤、失业和生育保险费，建立规范的补充保险管理制度，为在职职工缴存住房公积金，保障职工合法权益。

4.2.2　保险管理流程

保险管理流程主要涉及各单位业务部门与各级人力资源管理部门及上级单位，总体流程如图 4–16 所示。

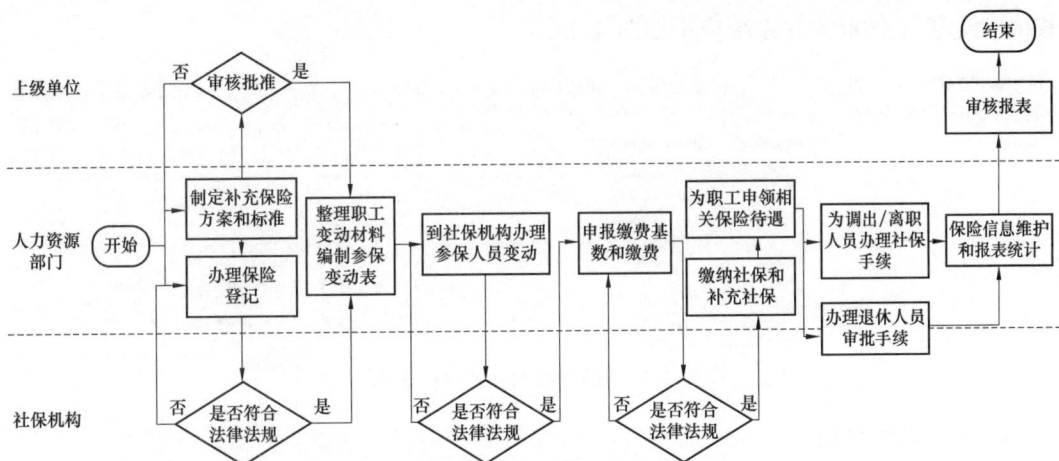

图 4-16　保险管理流程

以上流程要点及各部门职责如下：

（1）上级单位负责制定保险保障管理制度，负责指导和监督所属单位保险保障管理工作。

（2）人力资源部门负责贯彻落实国家法律法规和上级单位的规章制度，组织落实企业保险保障管理要求和工作部署；负责开展保险信息统计、政策宣传和咨询服务工作；配合保险机构的工作，协调解决保险管理工作中的问题。

（3）社保机构负责受理并审批各单位提出的社保相关调整、缴纳、支取需求。

4.2.3　ERP HR 在保险管理的应用

ERP HR 保险管理功能对公司员工的养老保险、工伤保险、失业保险、医疗保险、生育保险、住房公积金等内容进行数据存储，以及社保、公积金的核算和过账。

ERP HR 中对于保险管理主要业务内容的对应功能如下：

（1）社会保险管理。ERP HR 中配置了各社会保险的工资项，通过薪酬核算将对应保险的个人扣款部分在工资发放时进行扣除，单位缴纳部分通过程序进行核算及过账操作，以实现社会保险管理从人资到财务的衔接。

（2）补充保险管理。ERP HR 中针对补充保险的种类，也设置了不同的工资项，按照不同人员对应的缴纳标准，在工资核算过程中进行自动计算并在工资发放时扣除。

（3）公积金管理。ERP HR 中存在住房公积金的工资项，通过薪酬核算将住房公积金的个人扣款部分在工资发放时进行扣除，单位缴纳部分通过程序可进行核算及过账操作，以实现住房公积金管理从人资到财务的衔接。

【案例】

以某电网企业员工李强（工号：30043075）为例，企业为该员工缴纳养老、医疗、失业保险，及住房公积金，缴纳基数假定为 2800 元，以下将从保险的缴纳基数、缴纳比例设置等方面进行保险管理功能的阐述。

1. 维护保险缴纳基数

保险专责负责执行企业统一制定的保险缴纳制度，将李强各项保险和公积金缴纳基数统一设定为 2800 元，系统应用如图 4-17 所示。

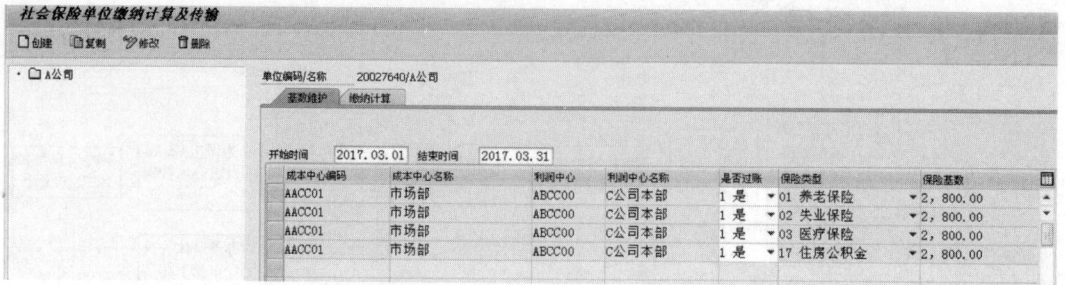

图 4-17　保险缴纳基数维护页面

2. 维护缴纳比例

保险管理专责负责维护和管理企业制定的各类保险缴纳比例，系统应用如图 4-18 所示。

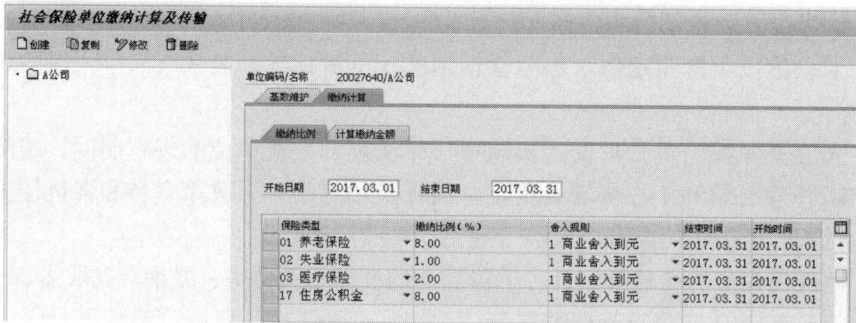

图 4-18　保险缴纳比例维护页面

3. 计算缴纳金额

ERP HR 可根据缴纳基数和比例的设置，自动计算出各项保险个人及单位需缴纳的金额，计算金额核对无误后，由财务进行社保过账操作，生成财务凭证，系统应用如图 4-19 所示。

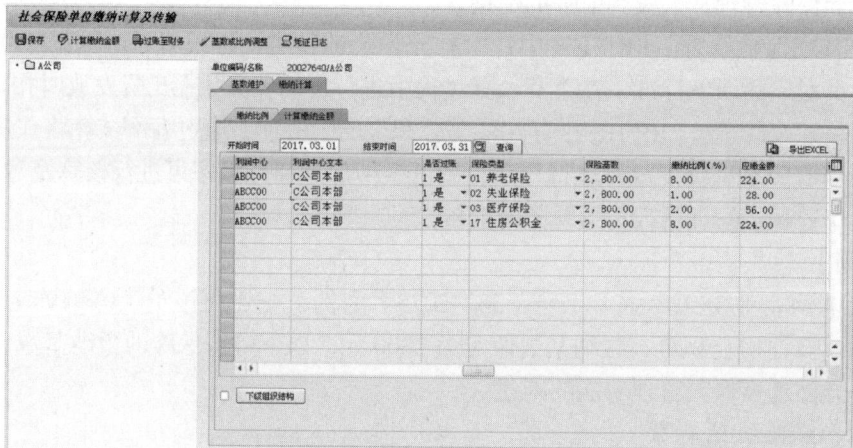

图 4-19　保险缴纳金额计算页面

4.检查缴纳金额

保险专责检查李强各项保险缴纳金额，确定是否根据设定的基数和比例计算所得，系统应用如图 4-20 所示。

图 4-20　保险信息查看页面

4.3　福　利　管　理

4.3.1　福利管理概述

福利通常指企业为员工提供的除职工工资、奖金、津贴、纳入工资总额管理的补贴、职工教育经费以外的福利待遇，包括职工福利、辞退福利、非货币性福利等员工福利项目。福利是员工的间接报酬，是一种补充性报酬，不以货币形式直接支付，以服务或实物的形式支付给员工。

福利管理是指对选择福利项目、确定福利标准、制定各种福利发放明细表等福利方面的管理工作。福利管理的推行有利于满足职工的生存和安全需要，增加职业安全感，同时福利措施体现了企业对职工生活的关心，可以增强职工对企业的认同感，使职工对企业更加忠诚，有助于使职工同企业结成利益共同体。

福利管理的内容主要包括：

（1）福利计划。包括防暑降温费、供暖费补贴、独生子女费、丧葬补助费、抚恤费、食堂经费、福利机构经费、医疗费、职工疗养费用、职工困难补助、职工异地安家费、探亲假路费及其他由企业统一管理的福利项目计划。

（2）福利项目经费。按照相关法律法规和企业管理要求，规范使用福利费用，严格按审批流程管理福利项目经费。福利项目经费管理是对单位福利项目进行计划和审批、实施与监督，确保员工享受到应有的福利和权益。

（3）职工带薪年休假。为了维护职工休息休假权利,调动职工工作积极性,根据劳动法，企业职工连续工作 1 年以上的，享受带薪年休假。单位应当保证职工享受年休假。职工在年休假期间享受与正常工作期间相同的工资收入。

电网企业建立了完善的福利管理机制，对职工福利费和非货币性福利项目实行年度计划控制，福利计划统一纳入预算管理，规范福利项目管理和福利费列支渠道，严禁挤占、违规使用职工福利费用。

4.3.2　福利管理流程

福利管理流程主要涉及各业务部门与各级人力资源管理部门及上级单位，总体流程如图 4-21 所示。

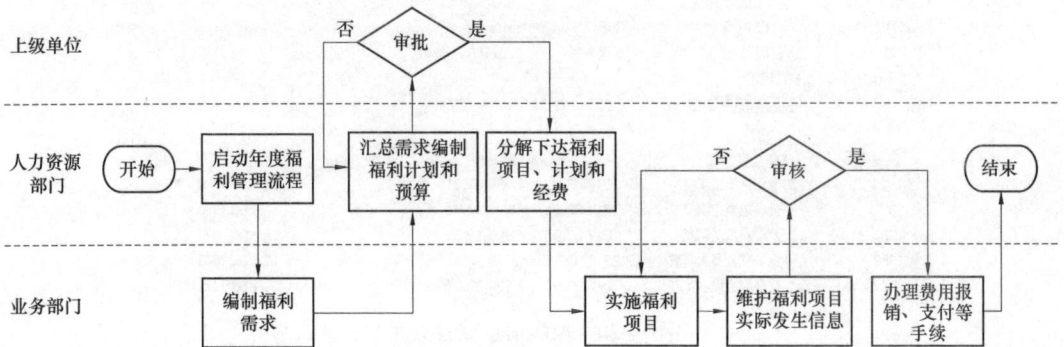

图 4-21　福利管理流程

以上流程要点及各部门职责如下：

（1）上级单位根据国家福利保障政策，制定福利保障相关管理制度并指导下属单位执行，负责审批下属单位提交的福利需求、计划及经费预算。

（2）人力资源部门执行上级单位福利保障管理要求和工作部署。负责组织开展本单位福利保障需求预测和分析，编制本单位福利保障计划和福利支出业务预算，并提交上级单位审批。

（3）业务部门负责编制福利需求，负责组织实施本单位福利项目，开展统计分析及其他日常管理工作。其中财务部门负责福利的财务报销、支付等管理工作，将福利计划和福利支出业务预算纳入全面预算统筹平衡，保障资金支付需求。

4.3.3　ERP HR 在福利管理的应用

ERP HR 中的福利管理功能规范了福利项目实施，实现福利项目的全过程闭环管控。加强了人资业务与其他各业务的融合和共享，促进福利管理从结果管理向业务过程管理转变。

ERP HR 中福利管理主要业务内容功能如下：

（1）福利基本信息管理。用于记录和管理福利项目的基本信息，以及福利项目计划分解管理、福利项目库管理和执行标准管理。

（2）福利项目实施管理。用于福利保障日常业务的记录和管理，包括福利项目预分配方案的编制和审核、福利项目支出信息的维护和审核，以及福利项目信息传输。

（3）福利项目台账管理。用于记录福利费用明细，协助专业部门更好地管理福利费用，提升福利费用的管理水平。

【案例】

以福利项目实施管理为例，某电网企业设置了防暑降温用品福利项目，工会维护本单位防暑降温用品的预分配和支出信息，福利管理专责完成预分配方案及支出信息的审核后传输至财务系统进行记账，完成该福利项目的实施。

1. 福利项目预分配方案编制

（1）福利项目预分配方案编制。福利项目执行部门选择防暑降温用品项目，按照相应的年月，完成福利项目预分配方案的编制工作，系统应用如图4-22所示。

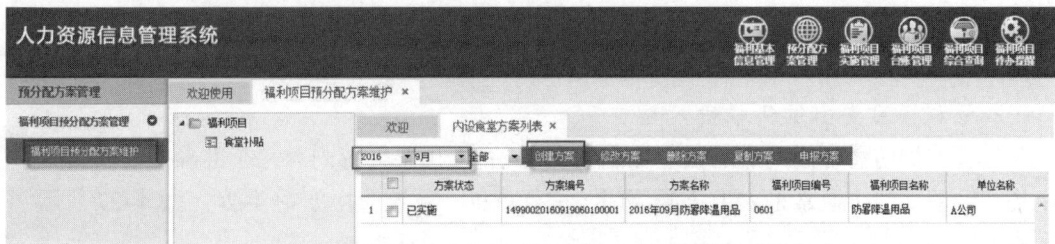

图4-22 福利项目预分配方案编制

（2）方案数据校验。通过数据校验功能，检查数据维护的完整和正确性，保障方案数据的准确性，系统应用如图4-23所示。

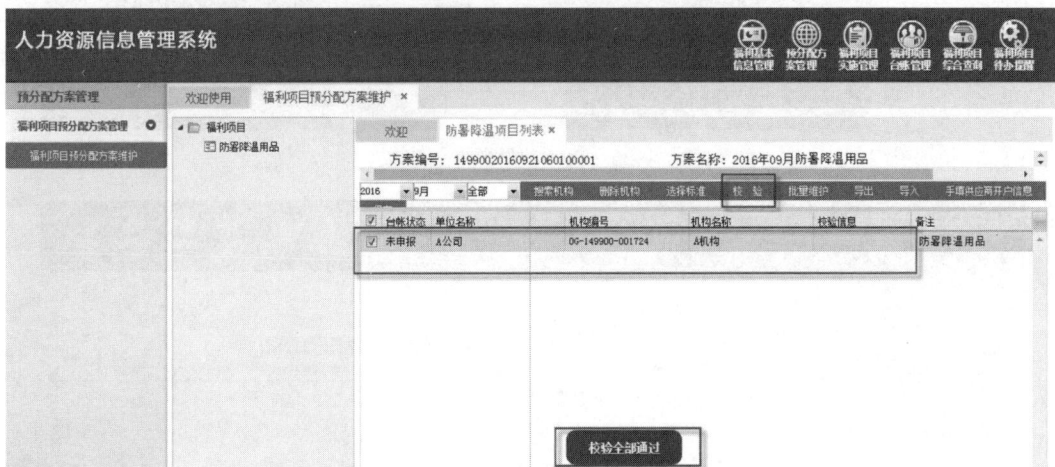

图4-23 福利项目预分配方案校验

（3）方案申报及审批。福利项目编制人员提交通过校验的预分配方案，经人资部门审核后予以执行。系统应用如图4-24、图4-25所示。

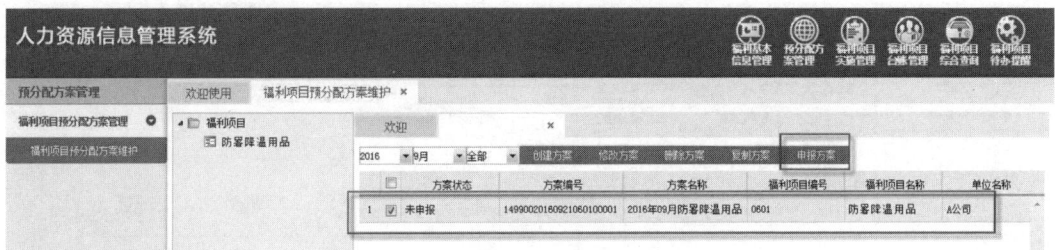

图4-24 福利项目预分配方案申报

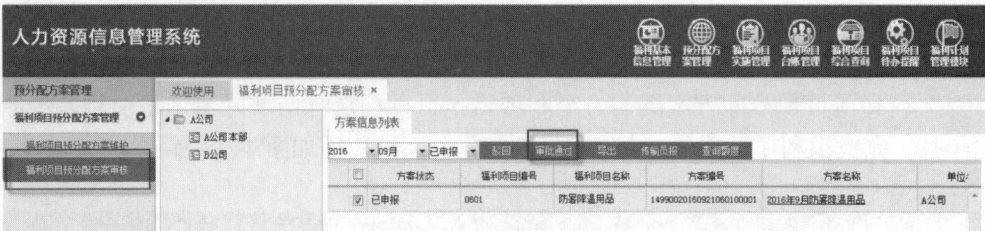

图 4-25 福利项目预分配审批

2. 福利项目支出信息维护

工会维护防暑降温用品的相应支出信息，检查支出金额等内容是否准确并校验、申报，由福利管理部门（通常是人力资源部门）进行审批。系统应用如图 4-26、图 4-27 所示。

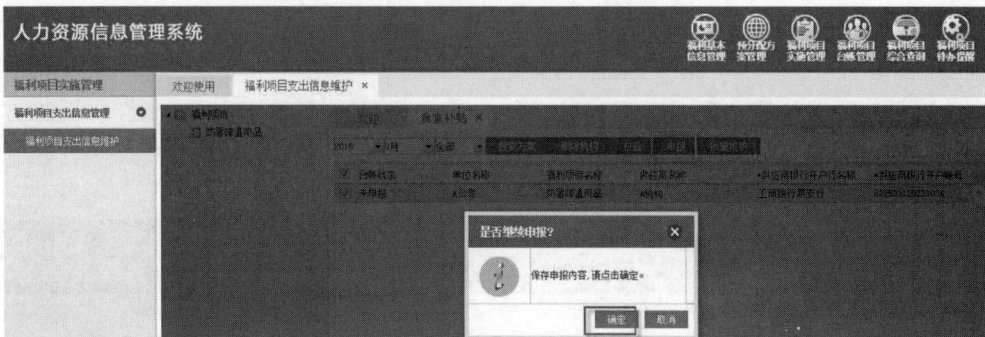

图 4-26 福利项目预分配申报

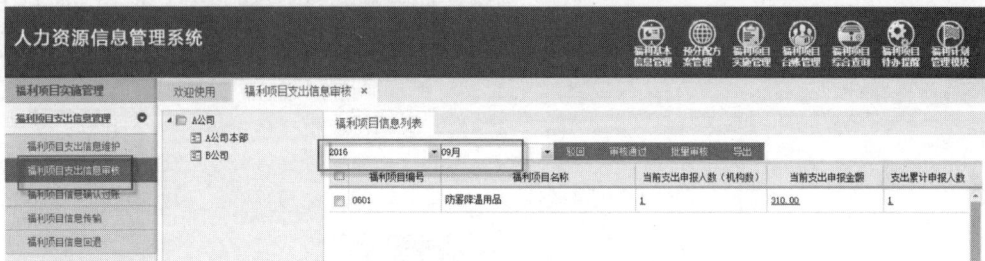

图 4-27 福利项目预分配审核

3. 福利项目信息传输

福利管理专责按照年月，选择福利项目和单位进行福利项目批量维护并传输至财务系统，系统应用如图 4-28 所示。

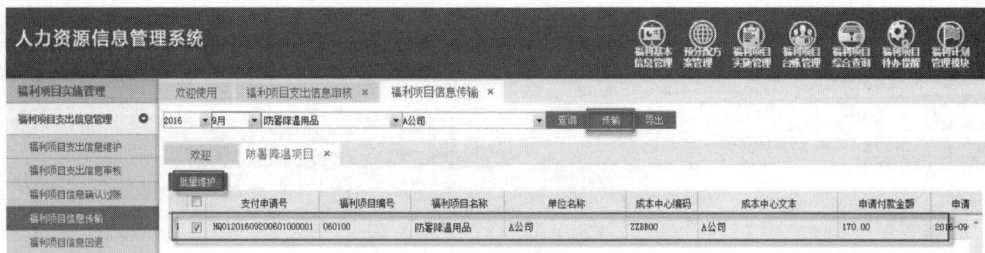

图 4-28 福利项目信息传输

绩 效 管 理

组织和员工绩效的水平直接关系着企业的整体效率和效益，评价和提高工作绩效水平是企业经营管理者的重要职责。本章主要阐述了组织绩效管理、员工绩效管理的流程和主要工作内容。通过 ERP HR 绩效管理功能的应用电网企业实现了绩效管理的量化评价和考核应用，增强了绩效考核的科学性、准确性和及时性，大幅提升了管理效率。

5.1　组　织　绩　效　管　理

5.1.1　组织绩效管理概述

组织绩效是指组织在某一时期内完成任务的数量、质量、效率及盈利情况，是对目标实现程度及达成效率的衡量与反馈。

组织绩效管理是指组织根据特定的管理目标，借助多种行为化和标准化的测量方法和技术，收集相关信息、设定工作目标，对组织多个层次的产出状况进行评价，以提升组织产出水平（数量、质量、顾客满意度等）的管理控制过程。

组织绩效管理的主要内容包括：

（1）绩效计划制定。企业各部门结合上级下达的业绩考核目标和年度重点工作任务，分解确定所属单位、部门、车间、班组、项目团队的考核目标任务和评价标准。

（2）绩效计划实施。企业各部门按照绩效计划，落实节点任务，分析、查找绩效计划执行偏差和问题，制定改进措施并实施。

（3）绩效考核评价。每个考核周期末，企业相关绩效考核负责部门及工作人员根据绩效目标完成情况和评价标准对企业各部门以及下级组织实施考核评价。

（4）绩效反馈和改进提升。各部门组织要建立绩效看板，按月（季）度、年度公布各类绩效目标完成情况和考核结果。

（5）考核结果及应用。各部门业绩考核结果与各部门薪酬总额挂钩。各级部门、车间、班组、项目团队的绩效考核结果与其负责人绩效工资、所属员工的绩效工资总额挂钩。

电网企业制定了一套完整的组织绩效管理体系，在绩效管理时注重结合专业和业务管理，逐级分解重要目标和任务，并贯穿于专业管理和业务流程全过程。在考核过程中，更加注重实绩，合理设置考核指标和评价标准，按照规范的程序和科学的方法开展考核评价，并将考核结果与薪酬分配、职业发展紧密挂钩，促进企业各项业务高效运转，确保企业战略目标圆满实现。

5.1.2　组织绩效管理流程

组织绩效管理流程主要涉及企业决策层、人资管理部门及各业务部门（单位），总体流程如图 5-1 所示。

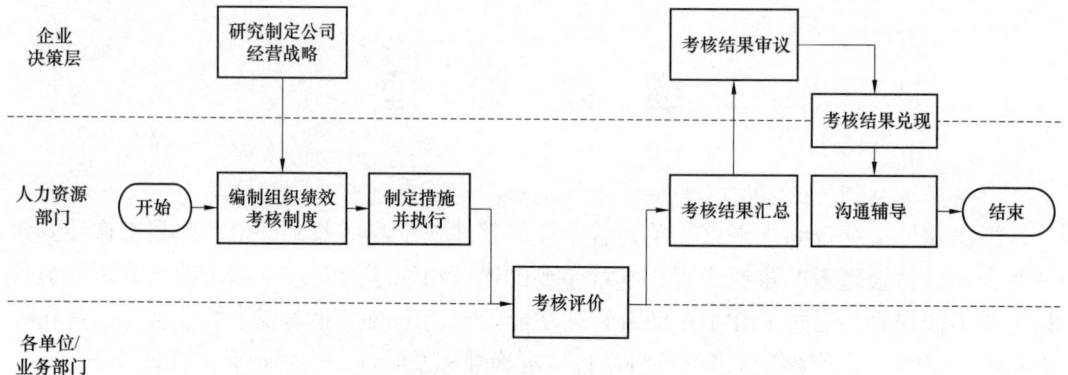

图 5-1　组织绩效管理流程

以上流程要点及各部门职责如下：

（1）企业决策层负责研究决定公司经营战略，审议组织绩效考核结果和指导应用。

（2）人力资源部门负责绩效的归口管理，负责根据上级单位的要求及企业经营策略，编制组织绩效管理制度；负责绩效考核协调与考核结果的汇总报告等。

（3）业务部门（单位）负责参与组织绩效管理制度的制定，提出本专业考核指标、考核目标值建议、考核评价标准，跟踪分析指标完成情况，提出本专业评价建议，开展本部门（单位）绩效管理日常工作。

5.1.3　ERP HR 在组织绩效管理的应用

ERP HR 中的组织绩效管理功能是对电网企业部门（单位）绩效管理的有效工具，通过系统功能实现评估指标设置、计划安排、评价、兑现等全过程管理。

ERP HR 中对于组织绩效管理主要业务内容的对应功能如下：

（1）绩效考核指标管理。绩效考核指标管理是绩效考核的基础工作，人力资源部门与业务部门在 ERP HR 中设置了各专业考核指标、目标值，以及评价标准等内容。

（2）考核计划管理。按照考核要求，各部门在 ERP HR 中设置月度 / 年度考核计划，汇总后经领导审批并执行。

（3）考核评价管理。考核评价管理功能包括了考核计划目标分解、自评、汇总审核、兑现等一系列过程。

【案例】

某电网企业开展月度组织绩效考核，以人力资源部月度绩效考核为例。

1. 绩效考核指标管理

在 ERP HR 中，绩效管理专责为人力资源部分配考核指标，人力资源部接受指标并分配至下属单位 B 公司，B 公司人力资源部进行指标再分解，明确指标所负责的岗位。系统应用如图 5-2 ~ 图 5-4 所示。

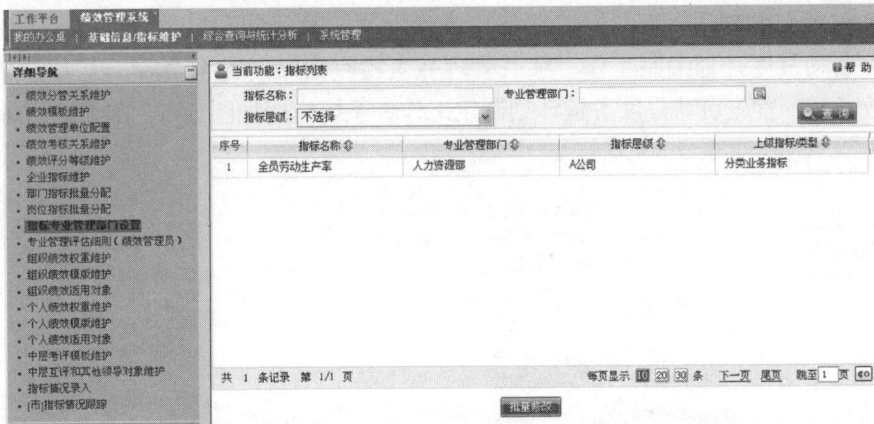

图 5-2　绩效考核指标设置

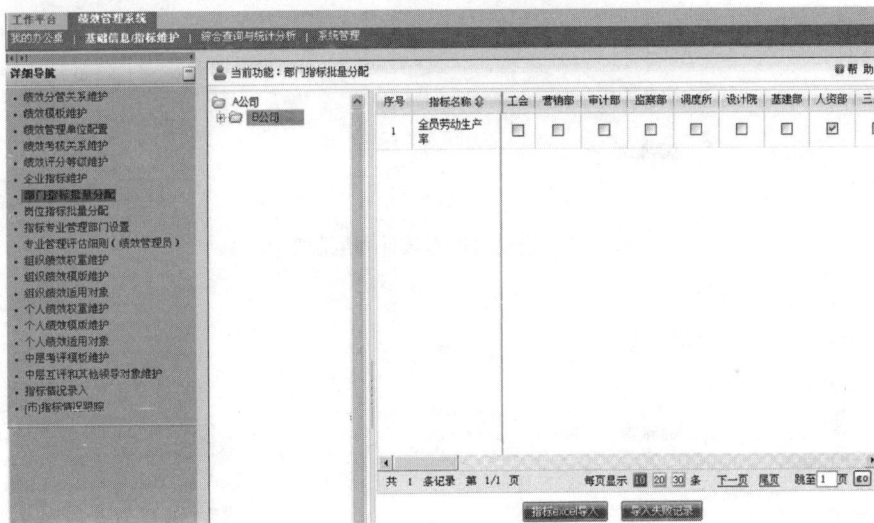

图 5-3　绩效考核指标分配

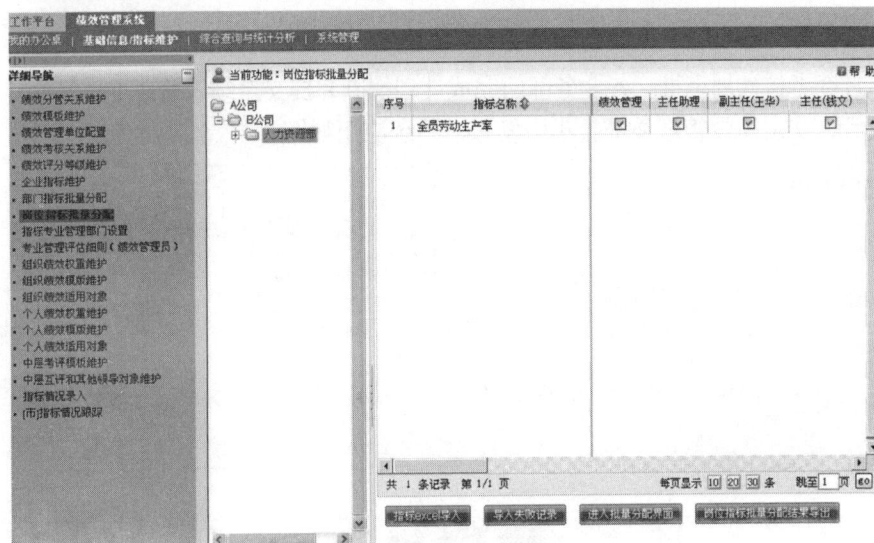

图 5-4　绩效指标岗位分解

2.考核计划管理

（1）启动月度计划编制工作。绩效管理专责检查指标设置无误后，人力资源部开展月度绩效考核，首先启动月度考核计划制定工作，系统应用如图5-5、图5-6所示。

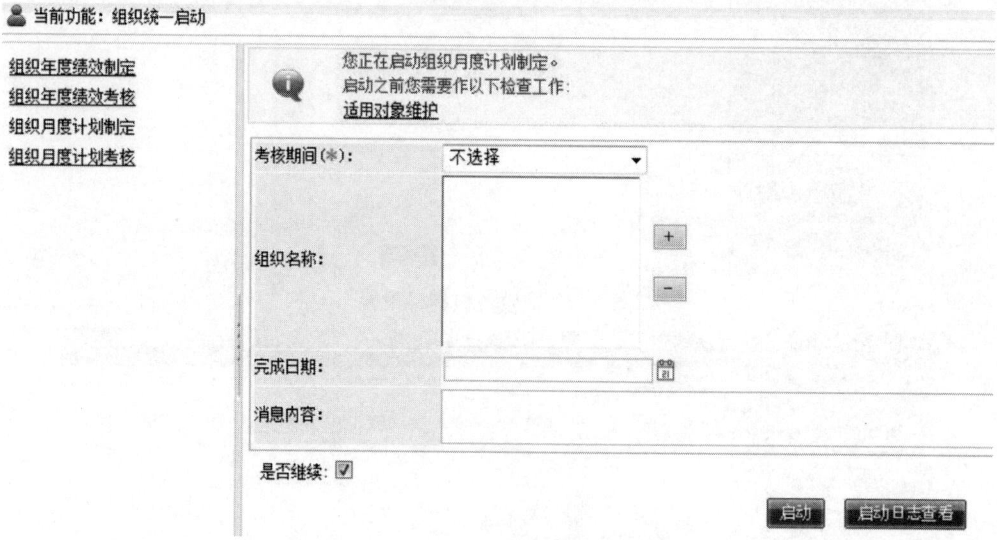

图 5-5　启动月度考核计划编制工作

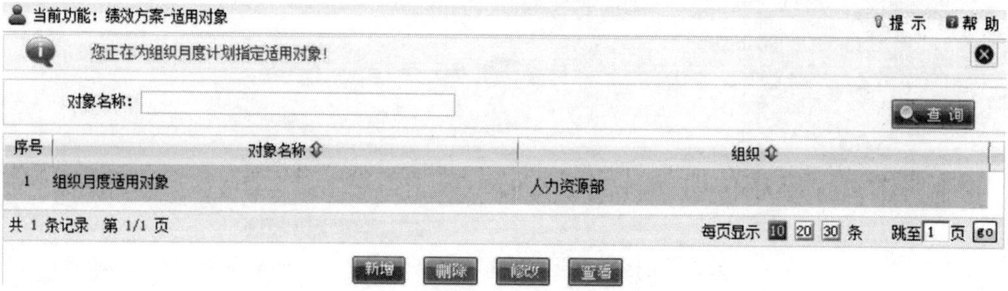

图 5-6　配置考核计划适用对象

（2）月度考核计划审批。各业务部门完成计划编制并提交至绩效管理专责汇总，经分管领导审批后，交由绩效管理委员会集中发布，系统应用如图5-7、图5-8所示。

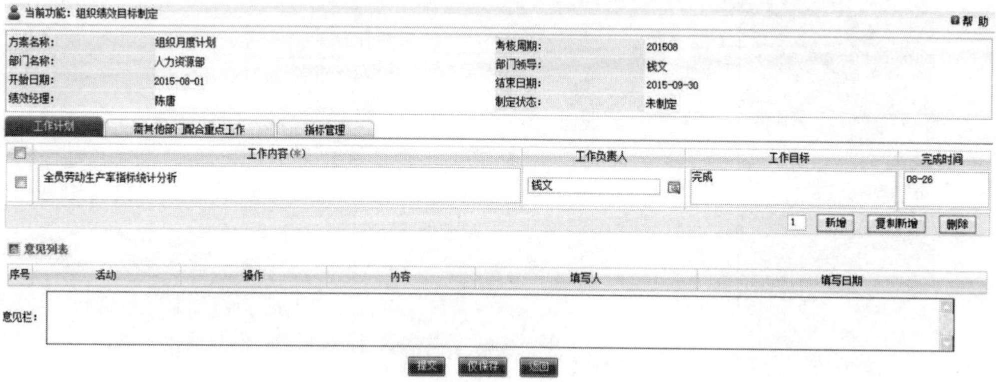

图 5-7　月度计划审批

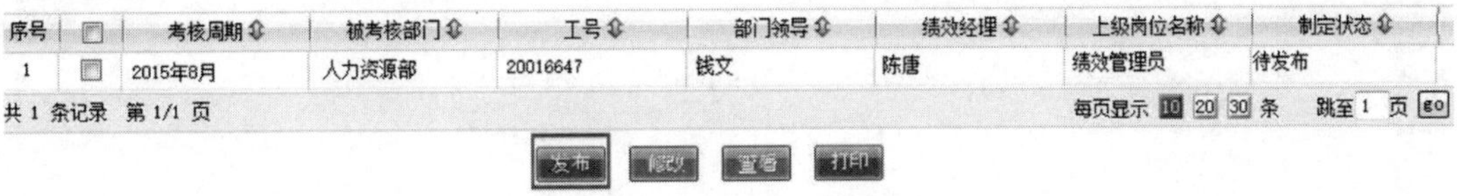

序号		考核周期 ⇕	被考核部门 ⇕	工号 ⇕	部门领导 ⇕	绩效经理 ⇕	上级岗位名称 ⇕	制定状态 ⇕
1	☐	2015年8月	人力资源部	20016647	钱文	陈唐	绩效管理员	待发布

共 1 条记录 第1/1 页　　　　　　　　　　　　　　　　　　　每页显示 10 20 30 条　跳至 1 页 GO

[发布] [撤销] [查看] [打印]

图 5-8　月度计划发布

3. 考核评价管理

（1）启动组织月度绩效计划考核。绩效管理专责按照绩效管理规定，开展月度考核评价工作，系统应用如图 5-9 所示。

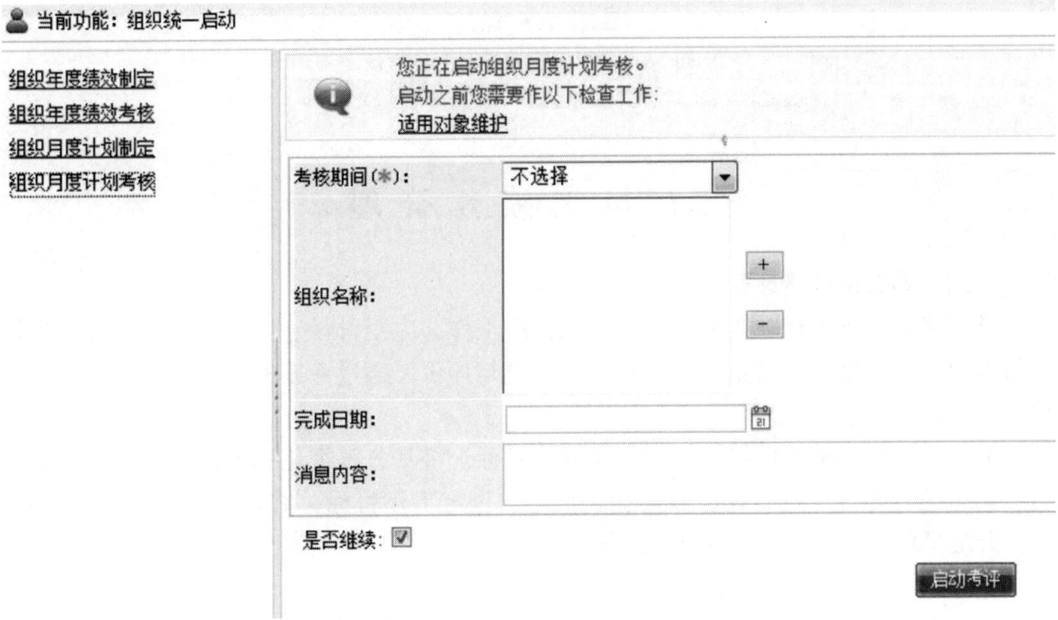

图 5-9　启动月度考核

（2）部门自评。各业务部门开展月度考核计划完成情况自评，填写月度工作任务、考核指标完成情况，并进行自我评价打分，系统应用如图 5-10 所示。

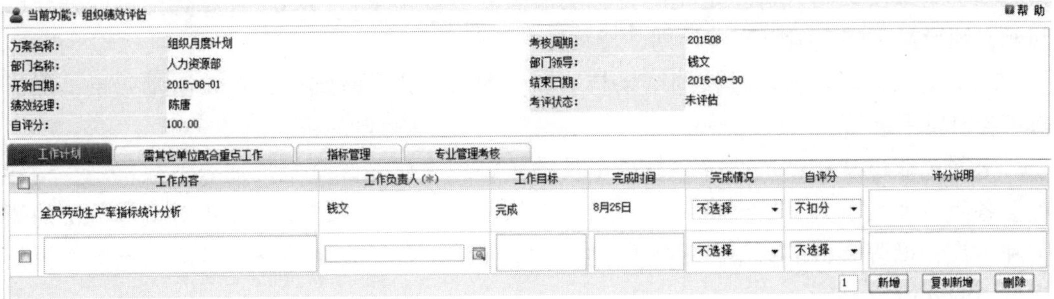

图 5-10　组织绩效月度自评

（3）评价结果汇总审核。各业务部门的自评完成后，汇总至公司绩效管理专责，经领导最终审批后，由人力资源部门发布至各单位进行兑现，系统应用如图 5-11 所示。

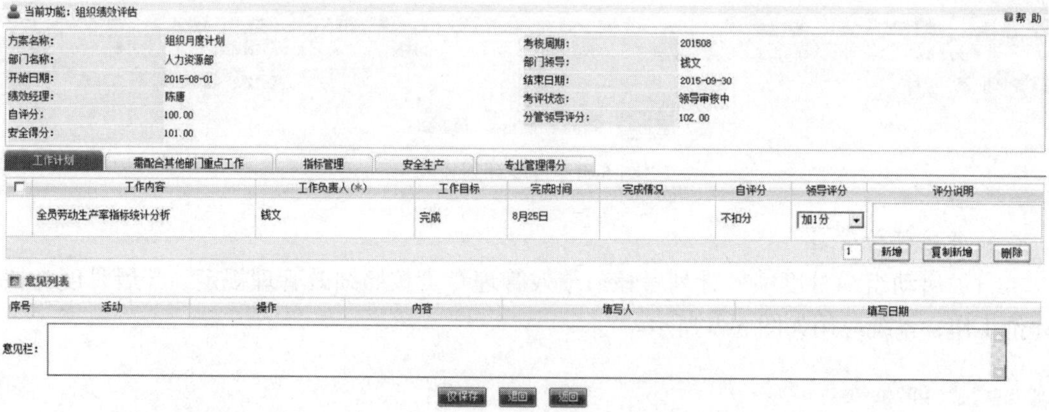

图 5-11 组织绩效月度汇总审核

5.2 员 工 绩 效 管 理

5.2.1 员工绩效管理概述

员工绩效考核是针对企业中职工所承担的工作，应用科学定性与定量的方法，对职工行为的实际效果及其对企业的贡献进行考核与评价。通过考核提高员工工作效率，实现企业目标。

员工绩效管理是指根据组织的发展战略目标，将其分解细化到组织各个岗位，通过组织团队的合理分工与合作，收集相关信息、设定工作目标，对各岗位工作进行评价，以提升组织总产出水平的管理控制过程。

员工绩效管理包括以下内容：

（1）制定绩效考核标准。以职务说明与职务规范为依据，以岗位能力和职责要求为标准，制定客观、公正的绩效考核标准。

（2）实施绩效考核。根据考核标准，对职工的工作绩效进行考核、测定和记录。

（3）绩效考核评定。根据绩效目标完成情况和评价标准对考核对象进行评价。

（4）结果反馈与改进。定期向员工反馈绩效考核结果，沟通考核过程中可能存在的问题，辅导员工制定绩效改进计划，持续提升绩效。

（5）结果运用。绩效考核的结果与培训、加薪、晋升等结合，产生激励效果，促进员工自身发展。

电网企业已从制度层面统一规范全员绩效管理工作，健全全员逐级考核机制，构建覆盖各级企业负责人、管理机关和一线员工的全员绩效管理体系，强化对全体员工的激励和约束，增强考核的科学性和实用性，为全面落实公司发展战略和年度重点工作提供强有力的支撑。

5.2.2 员工绩效管理流程

员工绩效管理流程主要涉及绩效管理委员会、绩效经理人、被考核人等，总体流程如图 5-12 所示。

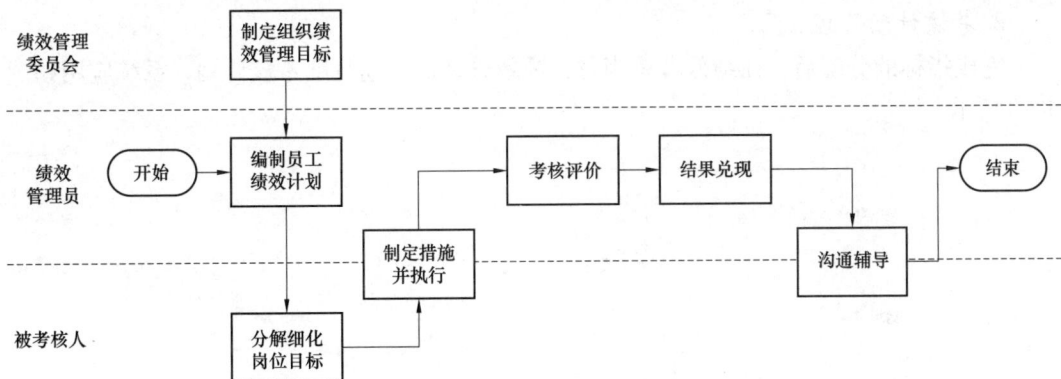

图 5-12　员工绩效管理流程

以上流程要点如下：

（1）绩效管理委员会主要负责制定下达组织绩效管理目标，负责员工绩效考核的监督检查；负责制定各项措施并监督员工执行绩效计划并审批相关申请。

（2）绩效管理员负责根据组织绩效管理目标，与员工确定绩效目标、签订绩效合约、实施绩效评价、进行沟通反馈、制定改进计划等。

（3）被考核人负责执行绩效计划，参与绩效沟通与辅导，改进绩效，促进个人绩效提升。

5.2.3　ERP HR 在员工绩效管理的应用

ERP HR 中的员工绩效管理功能包含了考核指标、考核计划、考核过程的管理等，实现员工个人绩效的考核及兑现在线处理。

ERP HR 中对于员工绩效管理主要业务内容的对应功能如下：

（1）绩效考核指标管理。ERP HR 中的指标管理功能可以支持各业务部门对组织绩效考核指标的分解，作为个人绩效考核的目标，同时包括设置指标评价标准等内容。

（2）考核计划管理。按照考核要求，各部门在 ERP HR 中设置月度 / 年度个人绩效考核计划，经领导审批后执行。

（3）考核评价管理。员工绩效考核，包括了自评、审核、发布、兑现等过程。

【案例】

以某电网企业人力资源部张东（工号"30035607"）作为考核对象，开展月度个人绩效考核。

1. 绩效考核指标管理

业务部门绩效管理员将组织绩效指标分解为工作任务并关联到员工个体，系统应用如图 5-13 所示。

图 5-13　员工绩效指标分配

2. 考核计划管理

完成指标的分配后，在绩效考核当月，绩效管理员启动月度考核计划，系统应用如图5-14 所示。

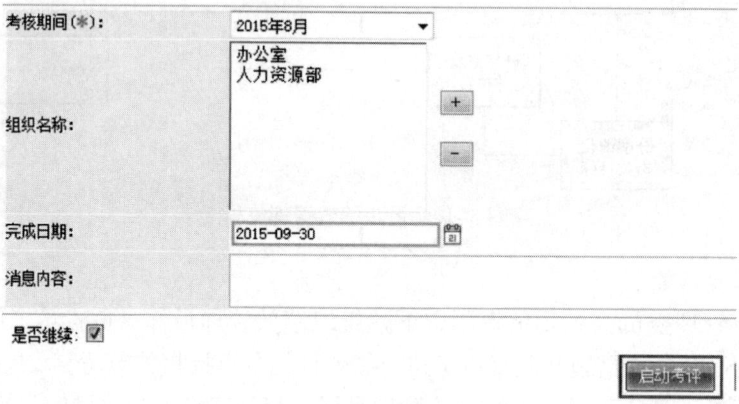

图 5-14　启动考评计划

3. 考核评价管理

（1）部门考核打分。张东所在部门负责人，根据张东月度工作完成情况进行月度考核计划评价打分，完成部门月度考核打分后，统一提交绩效管理委员会审批，系统应用如图 5-15 所示。

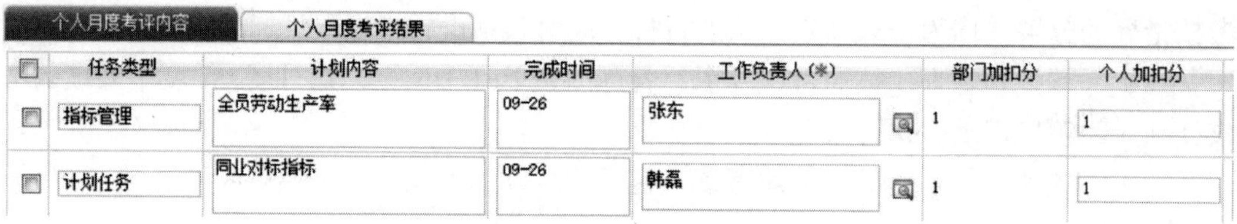

图 5-15　部门绩效评价

（2）考核结果发布。绩效管理员将所有经审批通过的考核结果进行发布，发布后的月度考核成绩将自动归档，考核计划状态变为已归档，系统应用如图 5-16 所示。

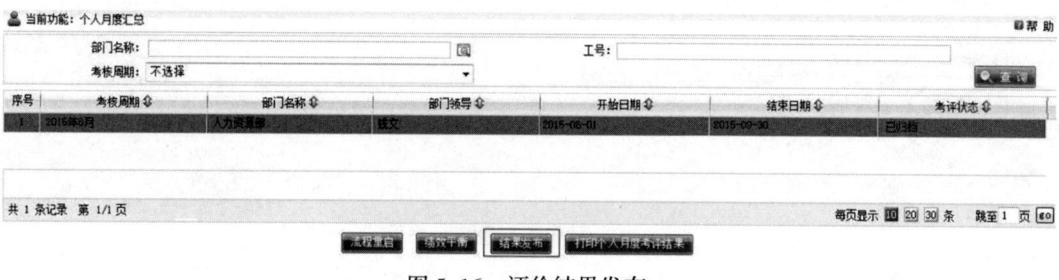

图 5-16　评价结果发布

（3）考核结果兑现。人力资源部薪酬专责按照各部门月度考核结果，进行薪酬兑现，体现在张东的考核奖励中，系统应用如图5-17所示。

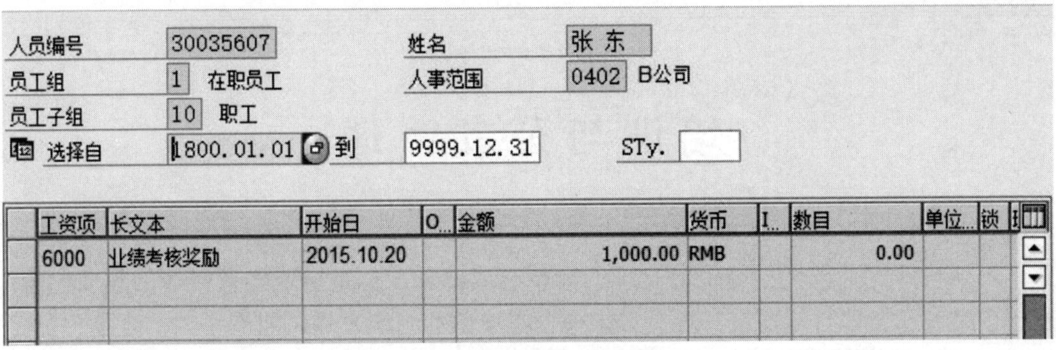

人员编号	30035607		姓名	张 东					
员工组	1 在职员工		人事范围	0402 B公司					
员工子组	10 职工								
选择自	1800.01.01 到		9999.12.31	STy.					

工资项	长文本	开始日	O	金额	货币	I	数目	单位	谈
6000	业绩考核奖励	2015.10.20		1,000.00	RMB		0.00		

图 5-17　绩效结果兑现

培训与开发管理

培训与开发是现代人力资源管理的重要组成部分，也是企业经营管理的重要内容。从根本上说，培训与开发是实现员工人力资本增值和组织发展的重要手段。企业为员工提供充分的培训与开发的机会和条件，从而提高员工的工作能力，最终增强企业的核心竞争力。

现代企业培训与开发管理，是企业从自身的战略定位和经营实际出发，通过有目的、有规划、有针对性的学习、训练等手段提高员工的工作能力、知识水平和综合素质，最大限度地挖掘员工潜力并使员工个人素质与岗位要求相匹配，从而促进员工现在和未来工作绩效的提升，最终有效地改善企业经营业绩的系统化行为过程。

6.1 培 训 管 理

6.1.1 培训管理概述

企业雇佣了有潜力的员工，还需要确保员工知道他们需要做什么以及怎么做，也就是要培训他们。培训（Training）是指为使员工获得完成工作所需技能而采用的各种训练方法，培训的方式一般有理论学习和现场操作两种，每种培训方式包含多种培训方法，电网企业一般有干中学（On-the-Job-Training，OJT）、学徒制培训、讲座、程序化教学（自学）、模拟式培训、计算机辅助培训、远程网络培训等。

培训管理是指根据企业的战略愿景，设定培训目标、建立培训制度、开发培训系统、规范工作流程、制定培训计划、开展培训活动、评估培训效果的过程。一般而言，培训实施管理分为以下四个阶段：

（1）培训需求分析。即开展培训需求调查，对员工的工作能力进行评估，然后根据他们的能力状况与岗位要求之间的差距制定具体的、可测量的培训目标。

（2）制定培训计划。根据培训目标编制培训计划，一般包括培训项目、培训内容、培训对象、培训师资、时间安排、培训预算等。

（3）实施培训计划。包括确认培训方式、培训场地、时间、参培人员、培训讲师，准备培训设备和培训资料、发布培训通知、组织人员签到、建立学员档案等。

（4）培训效果评估。评估分为反应、学习效果、行为、结果四个层次，最终要找出计划实施的成功与不足之处，在下一轮培训实施管理中改进，从而实现闭环管理。

电网企业在培训管理上实行计划管理，即各单位在培训需求分析的基础上，于每年下半年上报次年的培训计划。培训计划在上级部门的全过程监管下严格执行。同时，电网企业还建有线上教育培训平台，平台提供了大量的培训视频、文档、电子图书等培训资源，员工可以通过平台进行自助选课、下载资料、自主测试等，开展自我学习。

6.1.2 培训管理流程

培训实施管理流程主要涉及业务部门与人资部门，总体流程如图 6-1 所示。

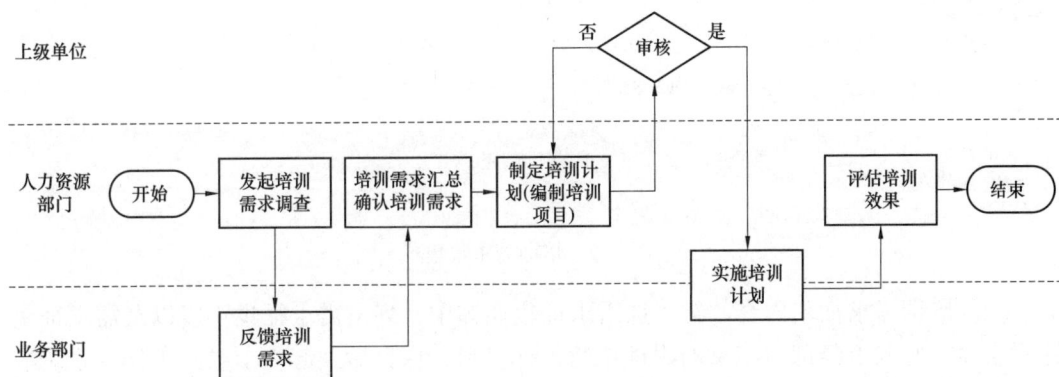

图 6-1　培训实施管理流程

以上流程节点及各部门职责如下：

（1）上级单位对人资部门提交的年度培训计划及相关预算情况进行审批，对各下属单位进行培训时间、内容、人员、资金等方面的平衡。

（2）人力资源部门在每年下半年发起培训需求调研，汇总、统计各业务部门培训需求并形成下一年度培训计划和培训项目，经上级单位审批通过后组织业务部门实施培训。在培训完成后进行培训效果评估，实现整个流程闭环。

（3）各业务部门根据人资部门发起的培训需求调查，及时反馈本部门的培训需求。在培训项目下达后，协助组织培训。

6.1.3 ERP HR 在培训实施管理的应用

ERP HR 中的培训管理功能对电网企业的教育培训相关业务实现了完全的支撑，业务覆盖培训需求、培训项目、培训班、培训评估和归档等内容。

ERP HR 中关于培训管理主要业务内容的对应功能如下：

（1）培训需求管理。用于征集各单位对培训需求，按照单位的上下级关系，通知由上至下发布，需求由下至上汇总上报，最后由上级单位进行最终审核并纳入培训项目管理。

（2）培训实施管理。对每年培训项目进行细分，按照培训班的形式，进行每一期培训班的筹备、开班、报名、实施、评估及归档等工作。

【案例】

某电网企业组织开展 2016 年度培训项目需求征集工作，征集后形成培训需求，后续根据工作需要，在 2016 年 5 月份组织开展"基础会计培训"，并对学员学习情况开展考评和总结归档。

1. 培训需求管理

（1）发布培训需求征集通知。人力资源部门教育培训专责在 ERP HR 中填写并发起年度培训需求收集通知，系统应用如图 6-2 所示。

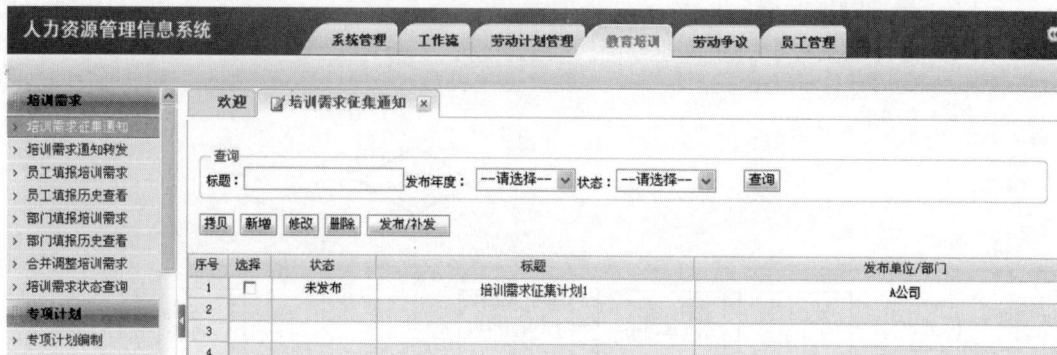

图 6-2　培训需求收集

（2）培训需求征集内容。在培训需求征集通知中，列出需求征集年度以及需求征集注意事项，并附上经部门签章的附件作为佐证材料，保存后发起需求收集工作，系统应用如图 6-3 所示。

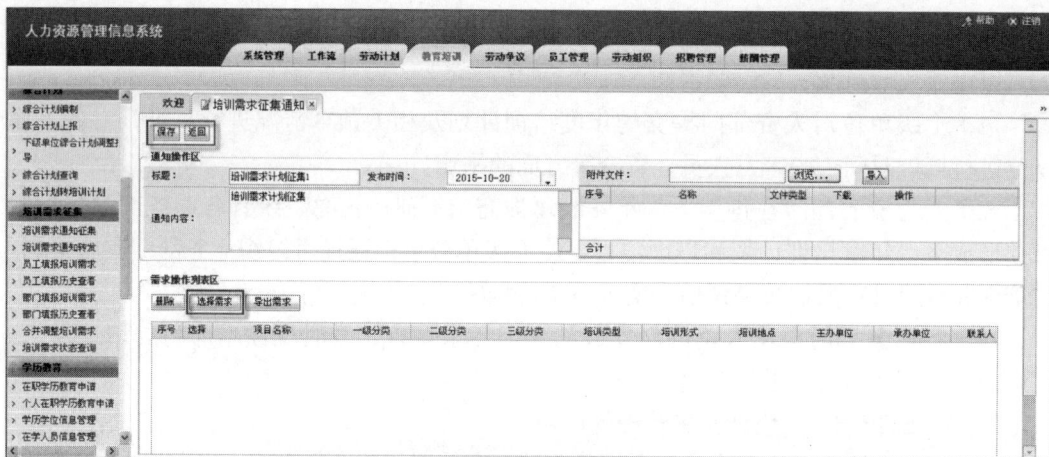

图 6-3　需求征集通知

（3）转发培训需求征集通知。在培训需求征集通知发布后，所有的下级单位人力资源部门教育培训专责将收到需求征集通知，各单位培训专责按照通知开展需求征集工作，各部门可根据需求征集通知，进行需求填报，系统应用如图 6-4 所示。

（4）填报培训需求。部门需求填报完成后，人力资源部门教育培训专责通过 ERP HR 对各下属单位的培训需求进行合并汇总，结合人力资源发展规划开展审核筛选，形成下一年度培训计划，系统应用如图 6-5 所示。

2. 培训实施管理

（1）开展培训开班筹备。培训项目经上级单位审批下达后，人力资源部门联合业务部门专责进行第一期培训班的开办筹备工作，在 ERP HR 中填写第一期培训班的开始与

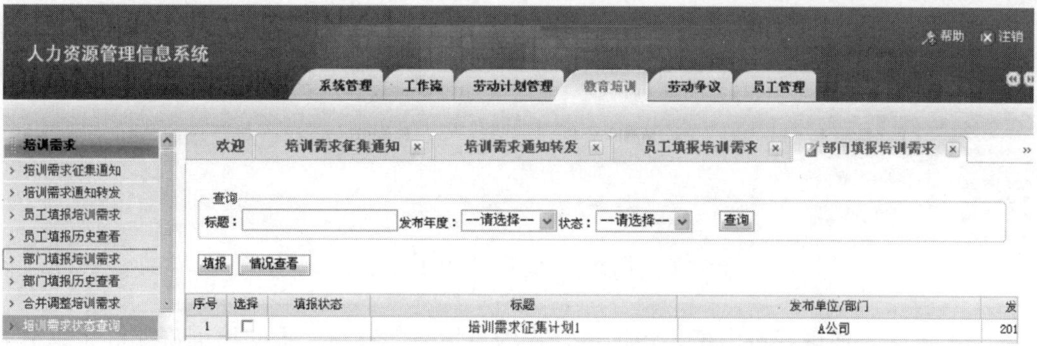

图 6-4　部门培训需求填报

图 6-5　培训需求汇总管理

结束日期、培训班名称、培训内容、培训地点、项目负责人等基础信息，系统应用如图 6-6 所示。

（2）安排培训课程及资源。在培训班开办筹备的过程中，还需要确定培训班所需要用到的培训资源，以及培训班具体的每日课程安排，并上传佐证文件等附件资料，系统应用如图 6-7 所示。

图 6-6　培训开班筹备

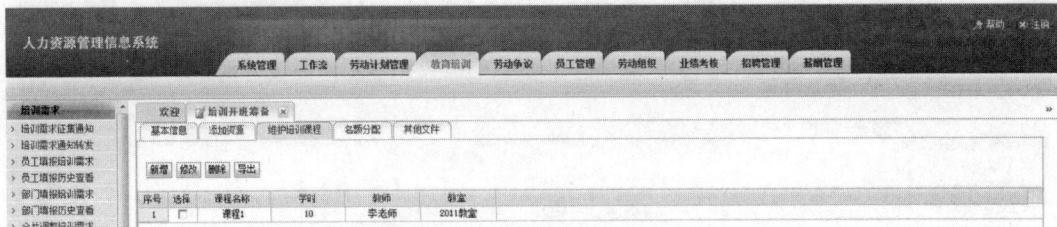

图 6-7　培训课程维护

（3）提交培训班开班申请。培训班开班信息填写完整后，提交培训班即可完成培训班筹备工作，系统应用如图 6-8 所示。

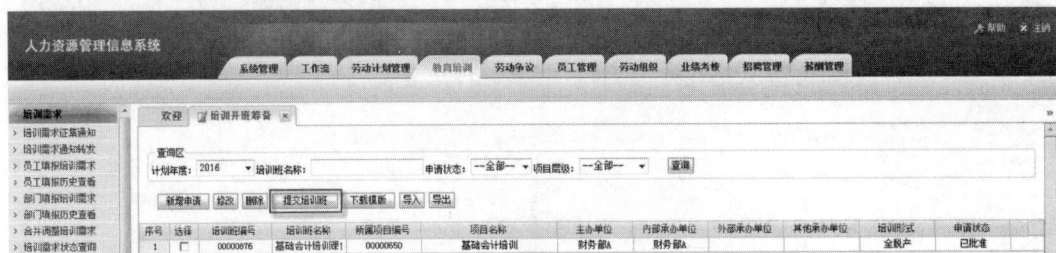

图 6-8　培训班提交

（4）发布开班通知。培训班开班提交成功后，主办方或承办方按照业务上的分工，编辑并发布开班通知，明确报名需要注意的各事项并发布，系统应用如图 6-9 所示。

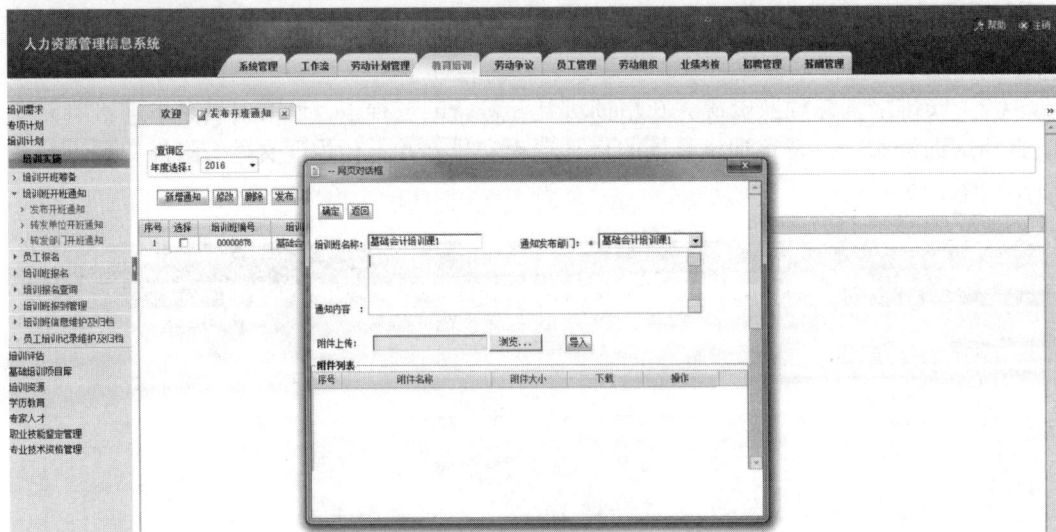

图 6-9　开班通知发布

（5）培训班报名。开班通知发布后，被通知的单位人力资源部门专责在进入 ERP HR 后，可看到开班通知与报名状态，并可以根据单位和部门内人员的意向进行报名，系统应用如图 6-10 所示。

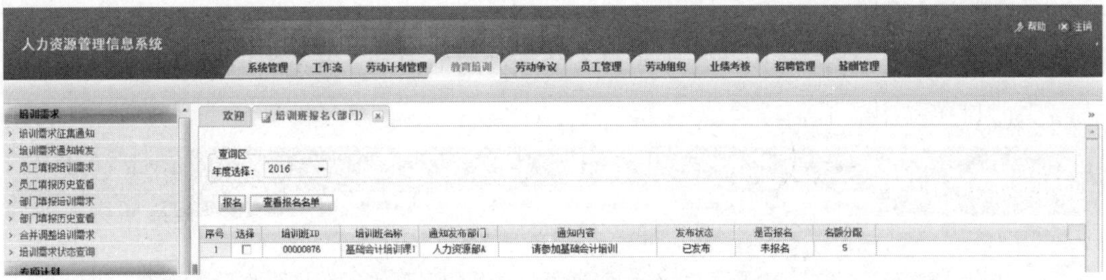

图 6-10　培训班报名

（6）培训课程评价。培训班按照预定日期开始进行培训后，需要对培训教学效果与学员学习情况进行评估，对培训课程、教师能力与教学质量的评价可通过模板进行批量导入，系统应用如图 6-11 所示。

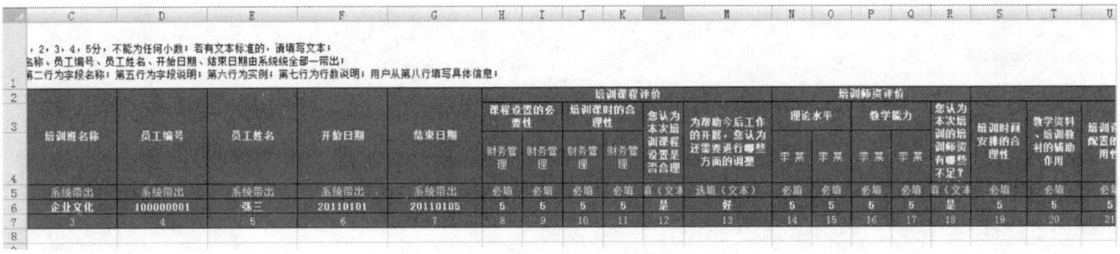

图 6-11　培训课程评价

（7）对学员评价。对学员的学习情况评估可通过 ERP HR 直接进行填写，也可以通过模板批量维护后导入，对每位学员单独评价后，需要形成整体的评估意见书，系统应用如图 6-12 所示。

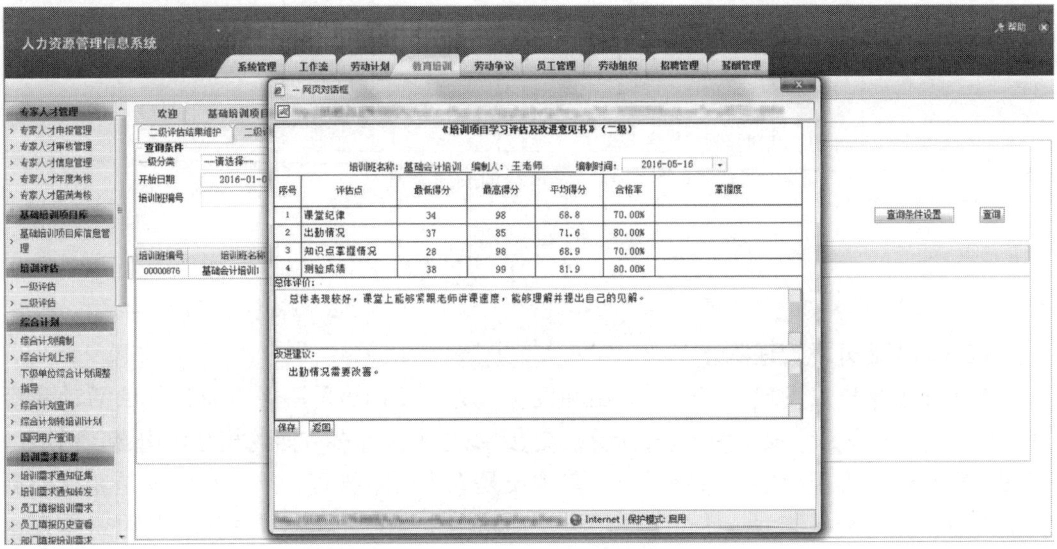

图 6-12　培训学员评价

（8）培训记录归档。培训班完成后，对学员参加培训班的情况进行补充完善后，可以将参加培训信息归档到 ERP HR 中生成新的个人培训记录，系统应用如图 6-13 所示。

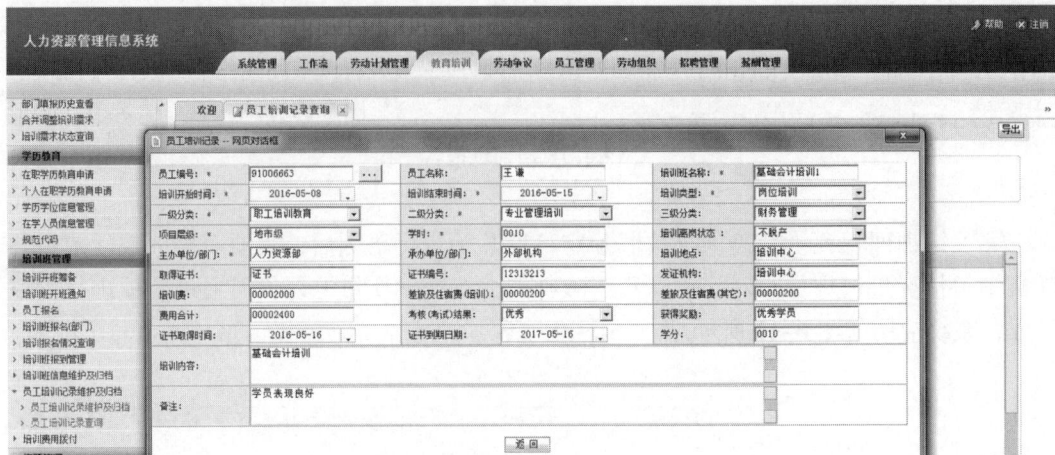

图 6-13　更新学员培训记录

（9）培训班学员成绩导出查询。学员评价结束后的结果，可以导出进行查看，包括得分以及排名情况，导出的表格如图 6-14 所示。

序号	员工编号	姓名	单位	总成绩	评价结果	排名
1	91006663	王谦	C公司	100	优秀	1
2	12282946	赵思华	C公司	99	优秀	2
3	82244368	张思雨	B公司	98	优秀	3
4	48883866	吴克清	C公司	97	优秀	4
5	52176491	王宁	B公司	97	优秀	4
6	25847246	欧阳秋雨	C公司	96	优秀	6
7	27367551	蓝文玲	B公司	85	良好	7
8	66640594	刘洋	B公司	84	良好	8
9	68789104	吴彦茜	C公司	83	良好	9
10	88920507	李文强	B公司	68	一般	10

基础会计培训学员评价情况表
培训班名称：基础会计培训　编制人：王老师　编制日期：2016-05-16

图 6-14　学员培训成绩表格

6.2　人才开发管理

6.2.1　人才开发管理概述

人才开发是指以发现、培养、使用和发展人为主要内容的一系列有计划的活动和管理过程。人才开发是一项系统工程，涉及社会、组织与个人等多方面的相互作用，包含教育、培训、职业生涯管理等各种激励手段，其本质是人力资本投资，最终目的就是充分挖掘员工潜力，提高员工能力，使员工的综合素质与岗位要求、员工个人需要与组织需要达到最佳的匹配，实现员工与组织的共同发展。

电网企业人才开发管理的内容，一般指人才评价（包括人才测评）和员工职业生涯管理工作。具体而言，包括以下几个方面：

（1）人才分类分级管理。建立人才评价模型，并对各类人才进行分类和分级，开展各级人才测评、选拔和管理。

（2）员工职业资格鉴定。对员工开展职业技能培训及初级、中级、高级职业资格的鉴定工作，如：开展配电线路高级工的培训及鉴定工作。

（3）员工专业技术资格评（认）定。组织开展初级、中级及高级专业技术资格的评（认）定工作，如：开展工程师的评定工作。

（4）员工执业资格的认定。组织员工参加国家注册类执业资格（如注册电气工程师、注册会计师等）、行业内专业资格（如系统分析师等）的培训和考试，并对员工获得的执业资格进行认定。

（5）员工职业生涯管理。一般包含组织发展与职业需求规划、员工职业生涯规划、员工绩效及职业生涯发展评估、员工工作与职业生涯调适及员工能力开发等五项任务并实施员工早期、中期和后期分阶段的职业生涯管理。

电网企业通过信息化手段，实现员工技能鉴定、职业评（认）定、各类各级专家人才的评选考核等业务的线上全过程管控，增加透明度，提高人才开发效率，体现公正、公平、公开。

6.2.2 人才开发管理流程

以专业技术资格评（认）定和职业资格鉴定为例，简述人才开发的管理流程，流程涉及评定/鉴定机构、人力资源部门及员工个人，总体流程如图 6-15 所示。

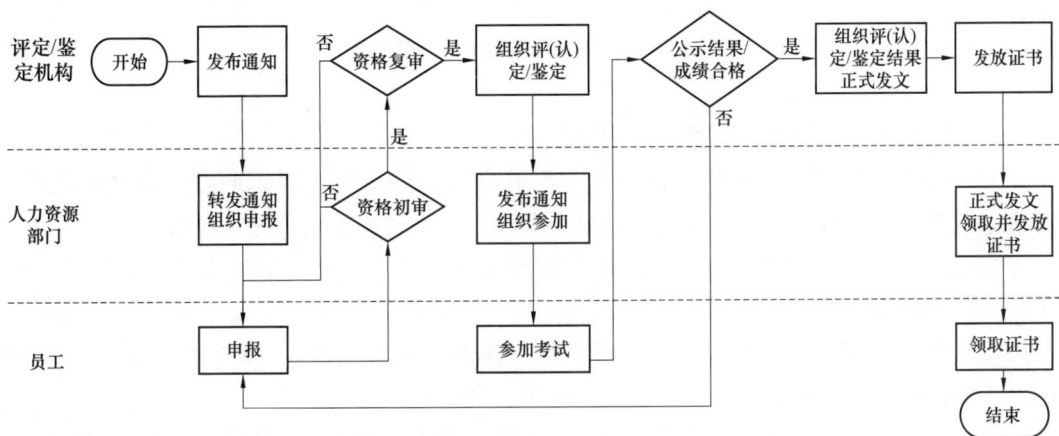

图 6-15 人才开发流程

以上流程节点及各部门职责如下：

（1）专业技术资格（职称）评定机构或职业资格（技能）鉴定机构向各单位发起职称评定或技能鉴定通知，负责对申报材料进行复审，组织开展具体的评定或鉴定工作，公示通过人员并发布评定或鉴定结果，制作、发放资格证书。

（2）各单位人力资源部门组织符合条件的人员进行资格申报，对员工申报的材料进行初审，组织员工参加考试或评定鉴定，领取员工资格证书并发文。

（3）员工在线申报资格，准备佐证材料，并提交所在单位人资部门初审，申报中级职称评定或技能鉴定的人员，需参加职称考试或技能鉴定考试，待人资部正式发文后领取资格证书。

员工职业生涯管理流程涉及企业决策层、人力资源部门、业务部门及员工个人，流程如图 6-16 所示。

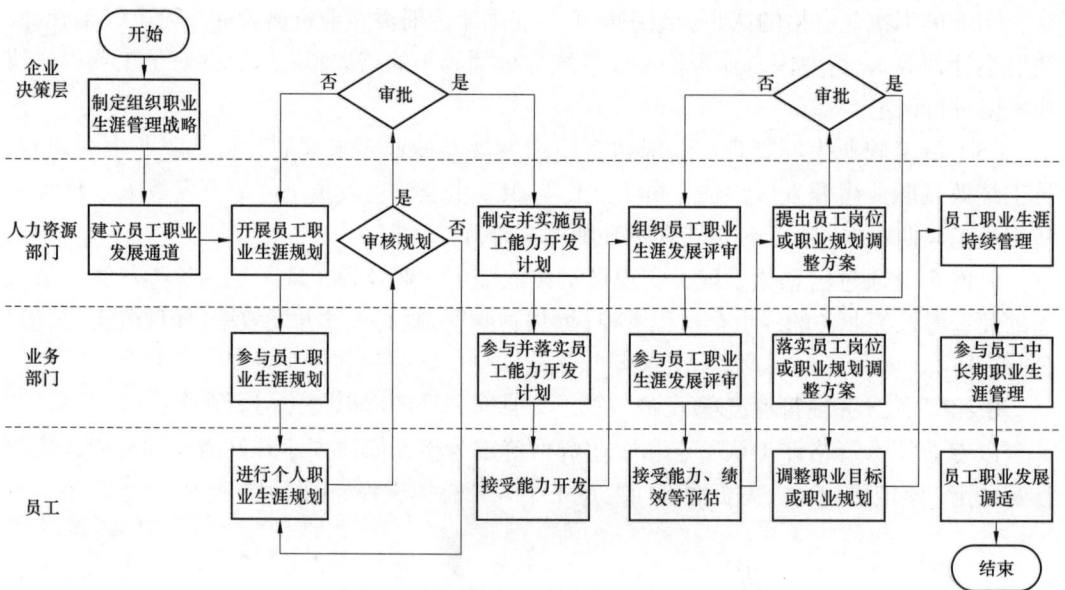

图 6-16　员工职业生涯管理流程

以上流程节点及各部门、员工职责如下：

（1）企业决策层（一般为公司职业生涯管理委员会）制定组织职业生涯管理战略，对员工职业发展通道设置进行审批，对员工职业生涯管理相关政策进行审批。

（2）人力资源部门负责根据组织职业生涯管理战略制定建立员工职业发展通道，组织开展员工职业生涯规划，并对规划进行审核、上报企业决策层审批，制定并实施员工能力开发计划，组织员工职业生涯发展评审，提出员工岗位晋升、调整或职业生涯规划调整方案，持续开展员工中长期职业生涯管理。

（3）业务部门参与员工职业生涯规划的制定，参与制定并落实员工培养（能力开发）计划，参与员工职业生涯发展评审（提供相应的绩效、能力评价结果），落实员工岗位晋升、调整或职业生涯规划调整方案，参与员工中长期职业生涯管理。

（4）员工根据企业需求和岗位要求进行个人职业生涯规划并提交人资部门审核，参加相关的教育培训及能力开发项目，接受能力、绩效等涉及职业发展因素的评估，在适当的时候进行职业发展目标和职业生涯规划的调整，并做好中长期的职业发展调适直至退休。

6.2.3 ERP HR 在人才开发的应用

ERP HR 中的人才评价功能实现了各类人才管理过程的信息化，支撑各类人才管理业务流程的规范、统一开展。

人才评价功能适用的工作流程有：技师（高级技师）申报和考评，技师（高级技师）直接认定，专业技术资格认定（初级认定），中级专业技术资格认定。

人才评价功能中通过不同的审批流程和审批环节，对所有申报人员的申报数据进行审评、核查，满足多种人才申报类型的流程化管理需求。通过信息化水平的提升，重点实现各类人才管理业务流程的合理应用，提高人才管理工作效率。

【案例】

某电网企业开展中级职称的认定工作，B 公司及其下属 C 公司均组织人员参加该次认定工作。C 公司设计中心张三报名参加认定，提交申报材料后，经资格审查、审核、终审、公示等业务环节，最终获得认定。

1. 编制任务计划并下达

人力资源部人才评价专责根据职称认定工作开展具体安排，拟定中级职称认定的相关通知和计划，明确参与中级职称认定所需要准备的材料清单，并下达到所有下属单位，系统应用如图 6-17 所示。

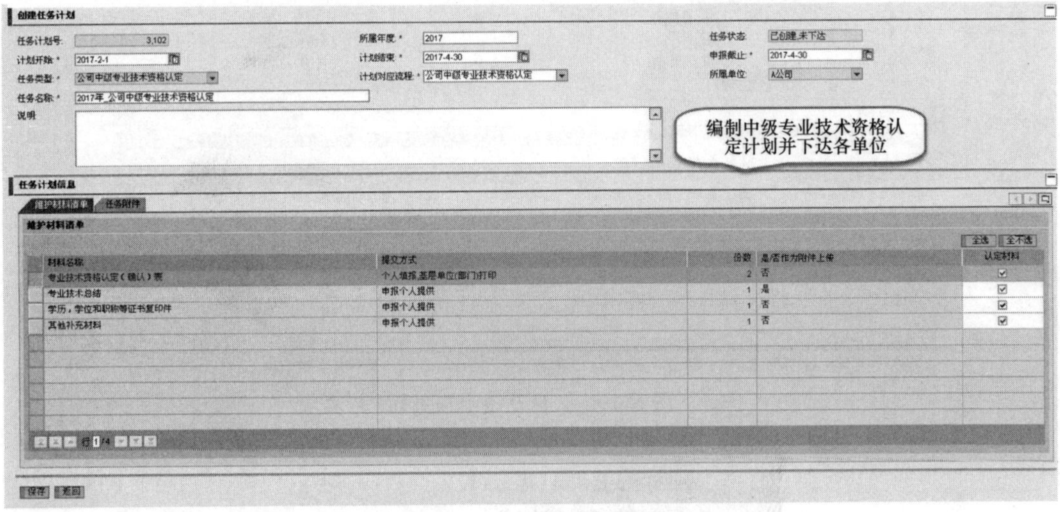

图 6-17 任务计划创建页面

2. 各单位组织员工申报

各下属单位收到申报任务后，协助业务部门进行申报人员的筛选并填写初始的申报表单，C 公司设计中心张三报名参加认定工作，系统应用如图 6-18 所示。

3. 申报人员填报申报数据

申报人员可以通过离线和在线两种方式，编辑个人基本数据，开展申报工作，系统应用如图 6-19、图 6-20 所示。

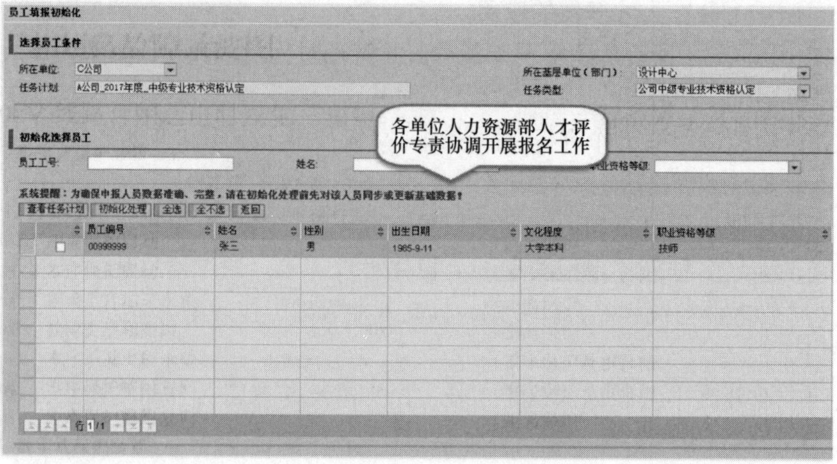

图 6–18　确定申报人员页面

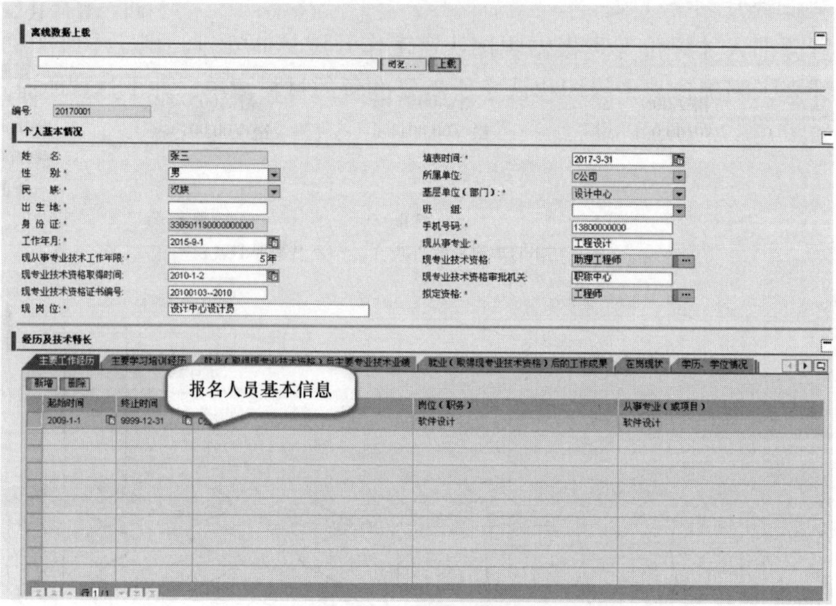

图 6–19　人员在线申报页面

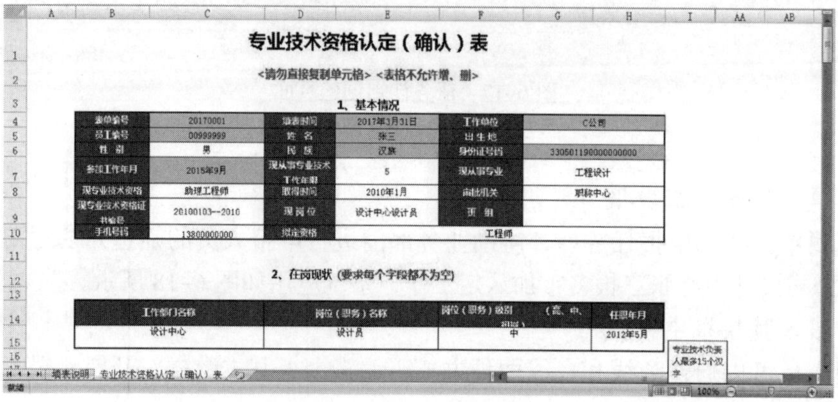

图 6–20　人员离线填报模板

4.基层单位资格材料初审及考核意见

C公司人才评价专责对提交上来的申报信息进行初审。不合格的人员退回进行材料更新。合格人员审核通过后给出相应工作表现和考核意见，系统应用如图6-21、图6-22所示。

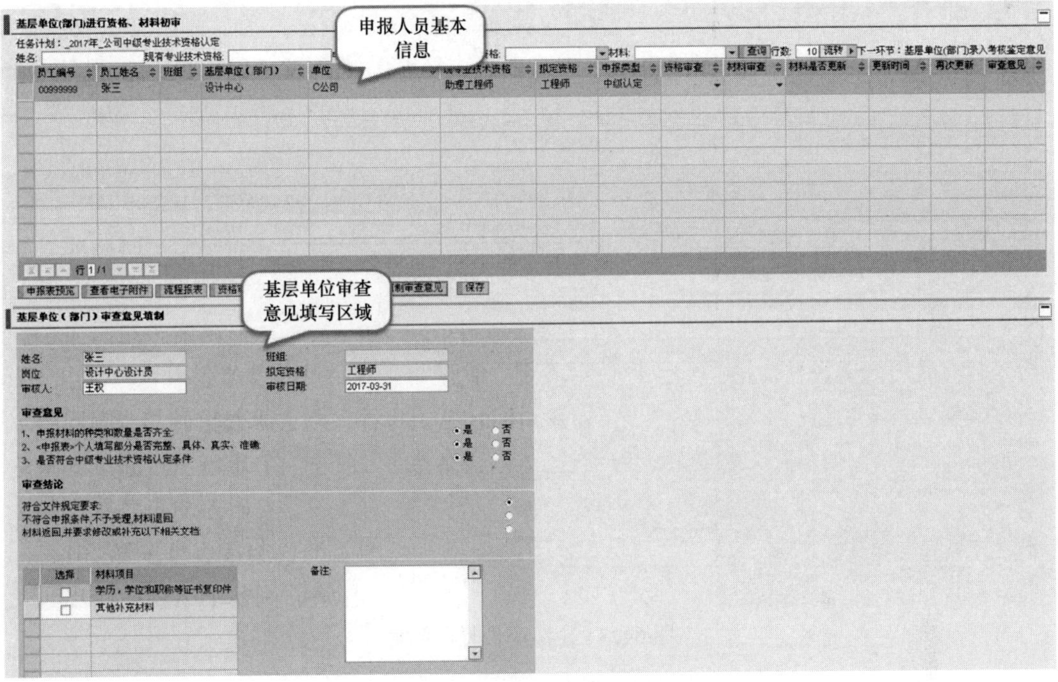

图 6-21　基层单位初审页面

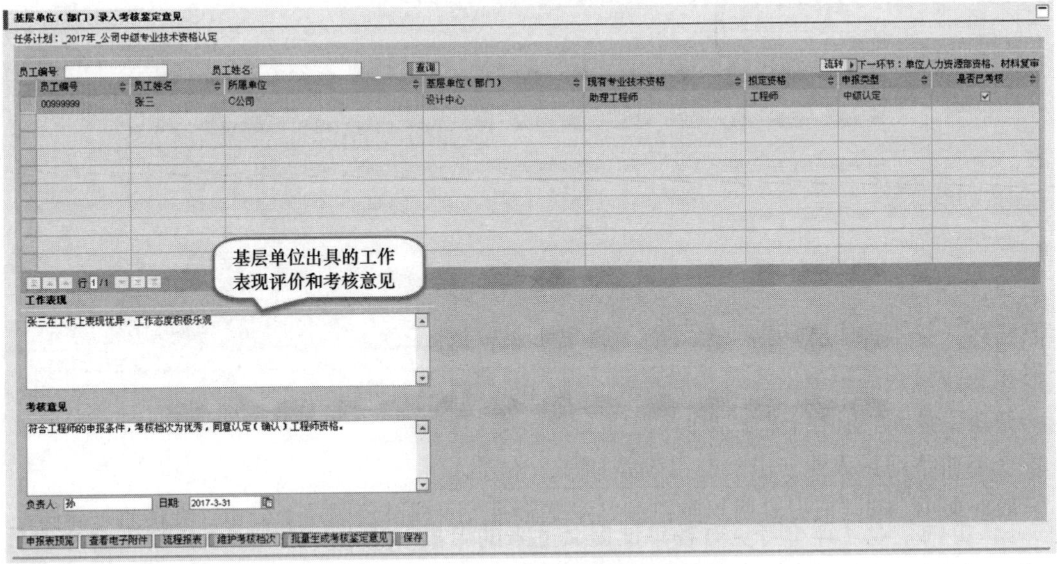

图 6-22　基层单位录入考核意见页面

5. 上级单位资格材料复审及考核意见

B 公司人才评价专责对 C 公司提交上来的申报信息进行复审，对不合格的人员要求退回修改，对合格人员给出相应工作表现和考核意见，系统应用如图 6-23、图 6-24 所示。

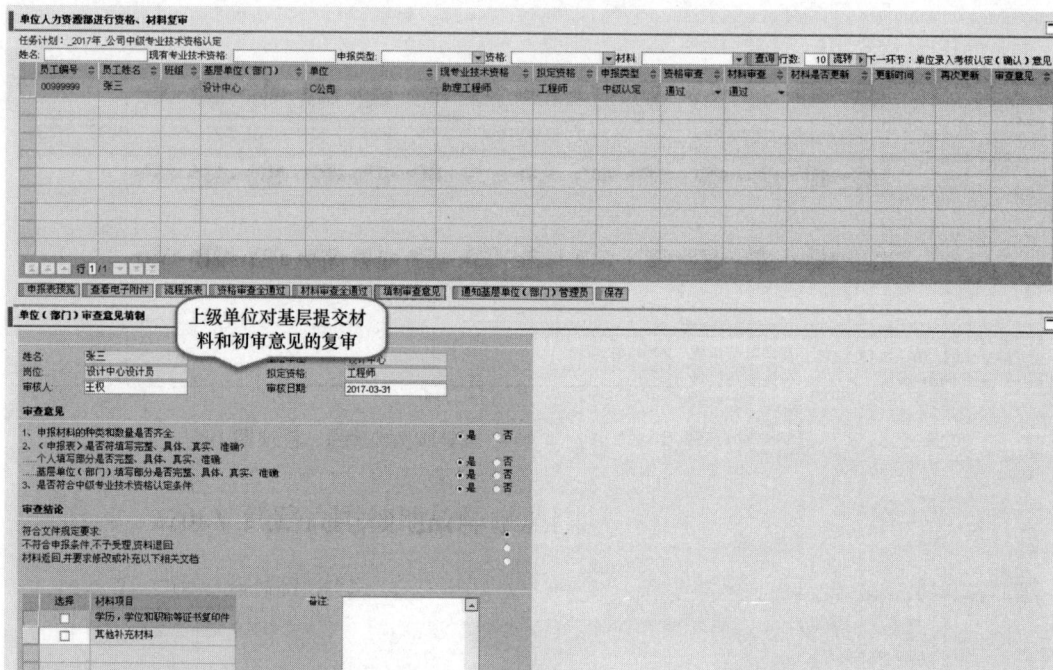

图 6-23　上级单位复审页面

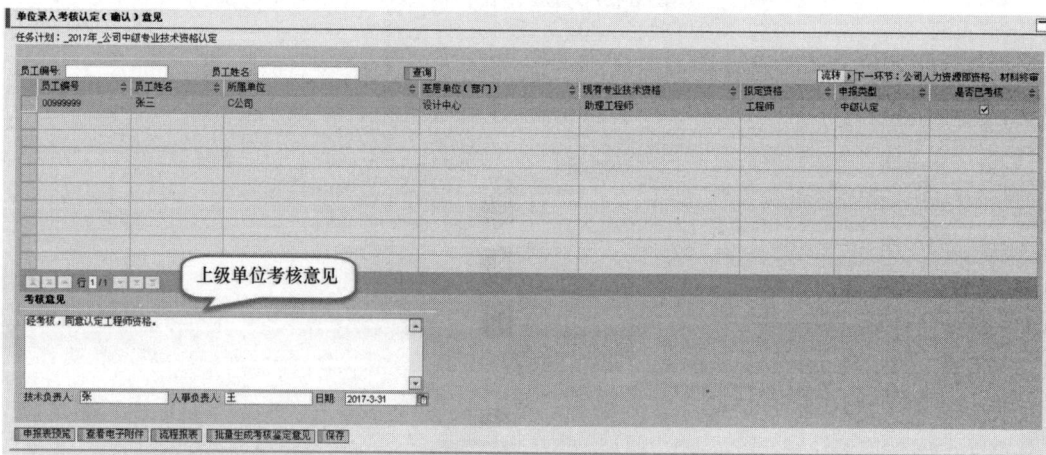

图 6-24　上级单位录入考核意见页面

6. 公司资格材料终审

该电网企业才评价专责对各单位提交上来的申报信息进行最终审查。对不合格人员填写审核意见后退回修改，系统应用如图 6-25 所示。

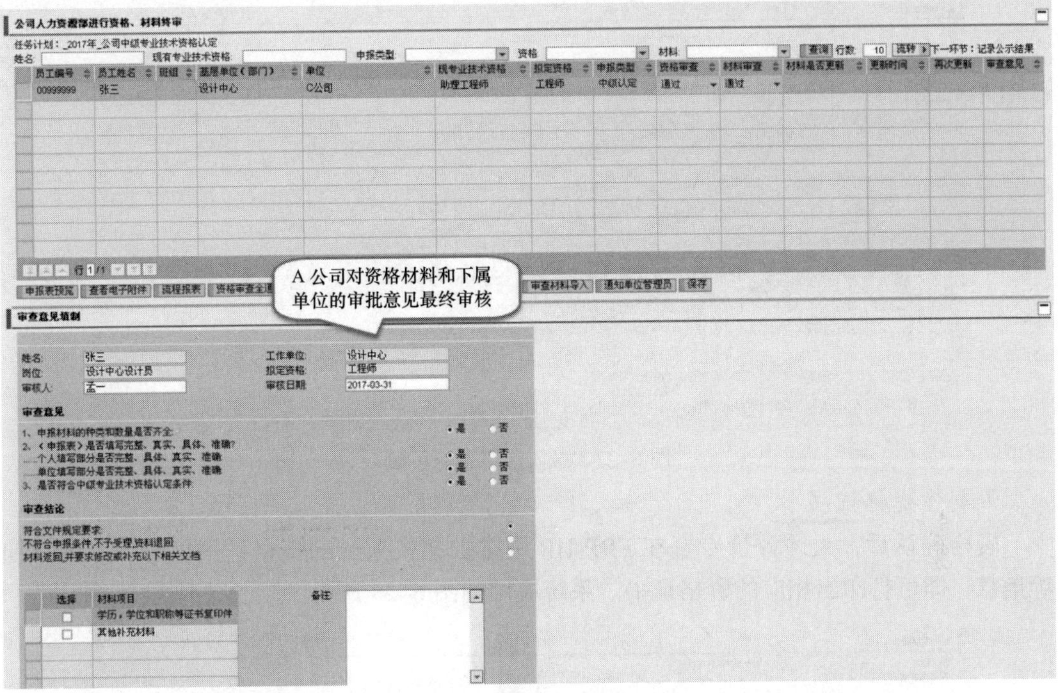

图 6-25 电网企业终审页面

7. 公示通过结果

该电网企业人才评价专责对通过人员进行公示，公示期满后，将公示结果归档至 ERP HR，系统应用如图 6-26 所示。

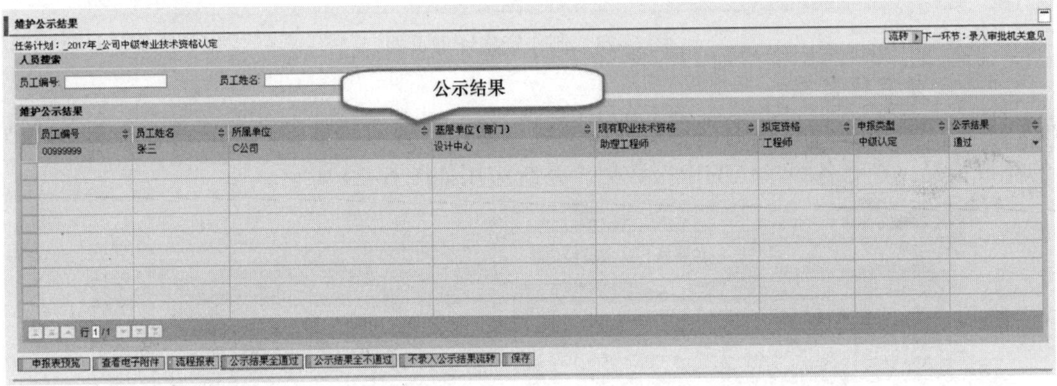

图 6-26 录入公示结果页面

8. 录入最终确认意见

公示期结束后，人才评价专责维护相关人员的资格取得时间和最终确认意见。系统应用如图 6-27 所示。

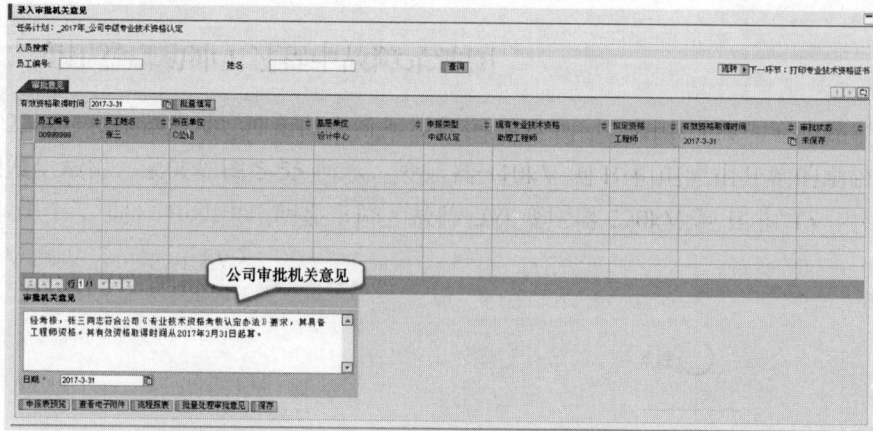

图 6-27　录入最终意见页面

9. 制作资格证书

资格确认后，人才评价专责在 ERP HR 中维护相关人员的资格证书编号、发证日期等信息，即可打印出相应的资格证书。系统应用如图 6-28 所示。

图 6-28　制作资格证书页面

10. 任务流程监控

在整个任务进行过程中，人力资源部可以通过任务流程监控功能全程监控各个环节的完成情况，查看各级单位的申报数据，系统应用如图 6-29 所示。

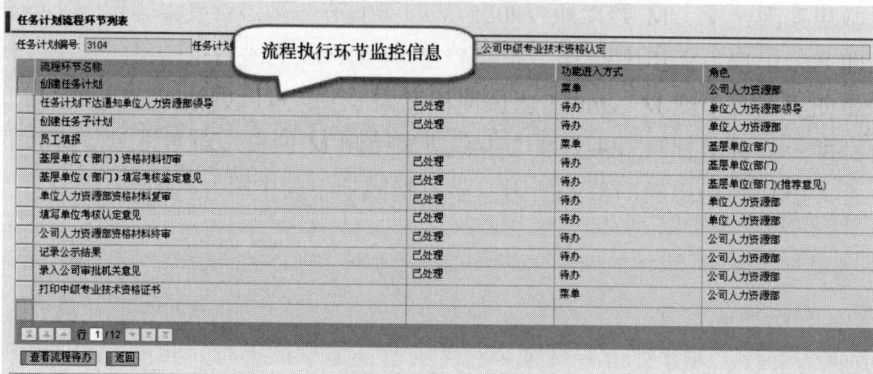

图 6-29　任务流程监控页面

统 计 分 析

人力资源统计分析工作是企业人力资源管理工作的一个重要组成部分，以人力资源基础业务数据为分析依据，运用统计定量分析方法，深入分析、系统研究企业人力资源现象的工作过程。本章主要阐述员工自助服务和统计报表这两个重要的统计分析工具，以及在 ERP HR 中的应用案例，展示统计分析在电网企业人力资源管理中的辅助决策作用。

7.1 自 助 服 务

7.1.1　员工自助服务概述

员工自助服务是指员工通过人力资源信息化平台,实现个人相关 HR 事务的在线管理。

员工通过 Web 浏览器查询、建立和维护自己在人力资源管理系统中的数据，人力资源管理者可以直接在系统中查询、维护、统计、打印相关报表，第一时间掌握员工动态，真正建立起一个有效的工作沟通机制。

员工自助服务管理是员工在线处理个人相关 HR 事务的流程化管理，主要包括：

（1）员工个人数据。在线查询、维护个人数据，包括：组织规章制度、组织结构信息、员工基本信息、员工教育信息、员工合同信息、员工家庭成员信息等。

（2）员工薪酬信息。在线查看本人的薪资变动记录、工资信息、公积金缴存信息、社保信息、补充保险信息以及费用报销情况等。

（3）员工考勤信息。在线查看或维护员工的出勤情况、休假记录以及请假申请和审批等，为工资计算及休假管理提供数据支持。

电网企业建立员工自助管理平台，让人事信息更透明，可提升员工的满意度，提升人力资源管理效率。

7.1.2　员工自助服务平台管理流程

员工自助服务管理流程主要涉及各单位人力资源管理部门、各业务部门以及员工本人，流程图如图 7-1 所示。

以上流程要点及各部门 / 员工职责如下：

（1）人力资源部收集和整理各业务部门提出的与人力资源相关的事务需求，对各类人员的人事信息进行集中管理，并对业务部门和员工个人提交的需求申请进行调查后予以审批，进行确认或者退回。

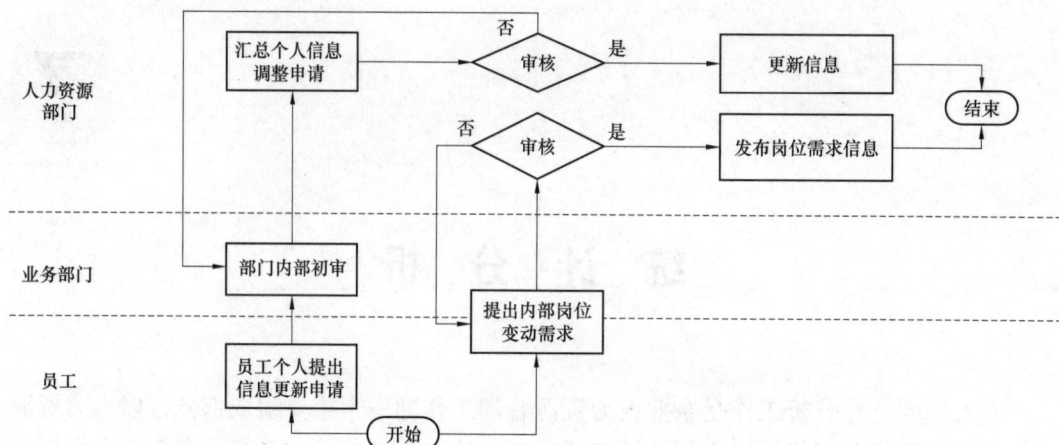

图 7-1　员工自助服务管理流程

（2）业务部门根据部门业务开展需要，提出岗位变动需求，明确需要的职位、人员资格、上岗时间等信息，提交人力资源部门审核后，由人力资源部门组织开展内部人员的配置变动。

（3）员工通过自助服务实现自我管理，实时访问人力资源信息，与人力资源部门进行在线沟通，积极参与到人力资源管理业务和流程当中。

7.1.3　ERP HR 在员工自助服务的应用

ERP HR 中的员工自助服务实现了员工个人信息的在线便捷查询与更新，满足员工个人薪酬、考勤等信息的在线查询需求。

【案例】

以某电网企业员工张三为例，介绍其更新个人信息以及查询其他信息的过程。

1. 员工个人数据管理

员工个人数据管理可满足员工在线查询和修改个人相关的基本信息、教育、家庭成员、职业技能、专业技术等信息的需求，系统应用如图 7-2 所示。

（1）个人信息变更。员工"张三"通过就读在职研究生，顺利从清华大学安全工程类专业毕业，获得硕士研究生学历。通过个人信息变更，张三提交并更新他的教育经历信息，系统应用如图 7-3 所示。

（2）教育经历审批。人力资源部门通过 ERP HR 查看员工提交的个人信息变更申请和信息，可将待变更信息在线查询或者导出，以便进行核实，系统应用如图 7-4 所示。

（3）确认更新信息。人力资源部通过与员工沟通或审核线下的作证材料，核实员工提交的信息准确无误后，确认该信息变更。经确认后，该员工的新增信息即完成更新。系统应用如图 7-5 所示。

2. 员工个人信息查询

员工个人信息查询，可以满足员工查看本人的薪资信息、考勤信息、内部岗位需求信息等需求，系统应用如图 7-6 所示。

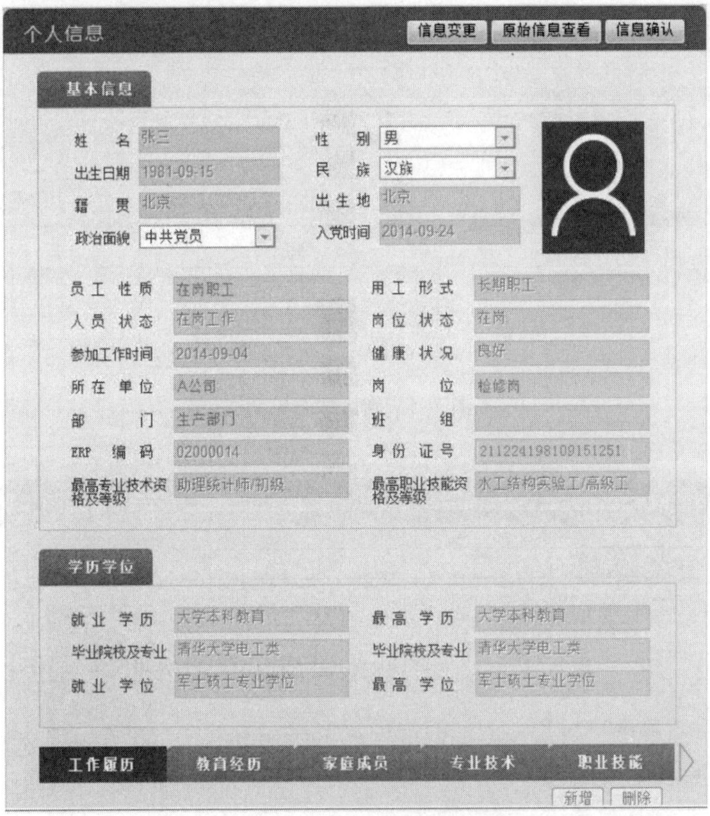

图 7-2 个人信息查看页面

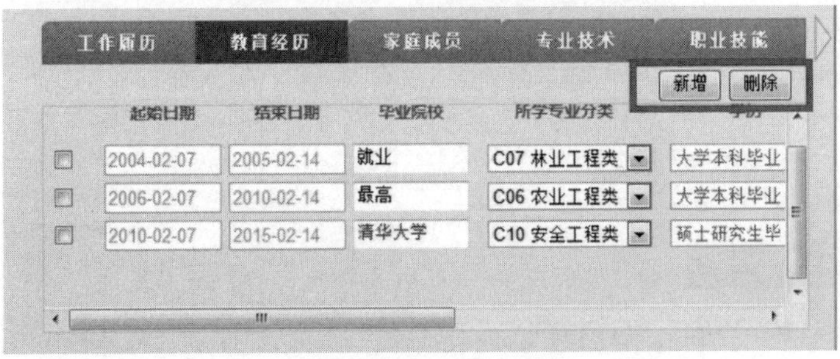

图 7-3 更改教育经历

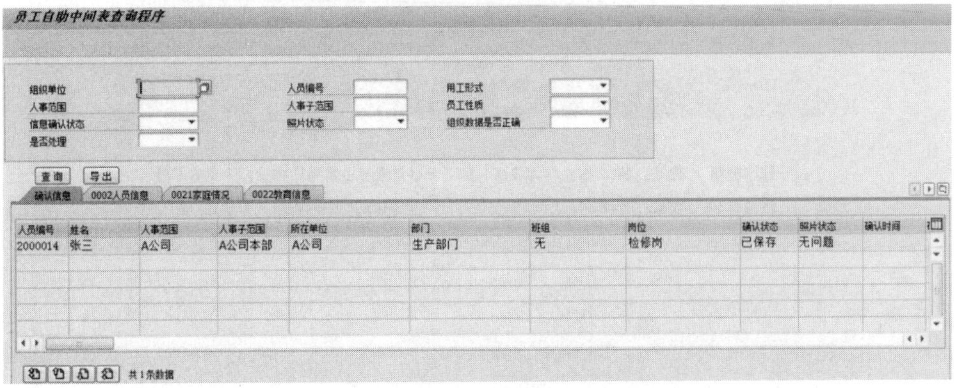

图 7-4 管理员查看修改信息

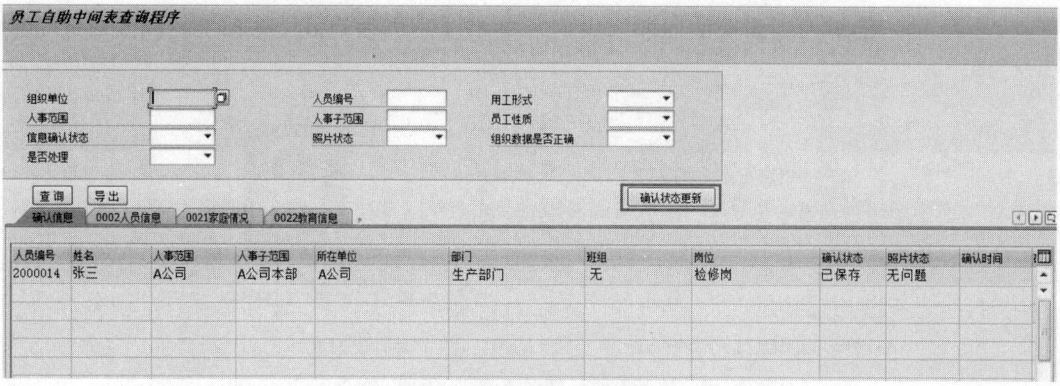

图 7-5　确认状态更新

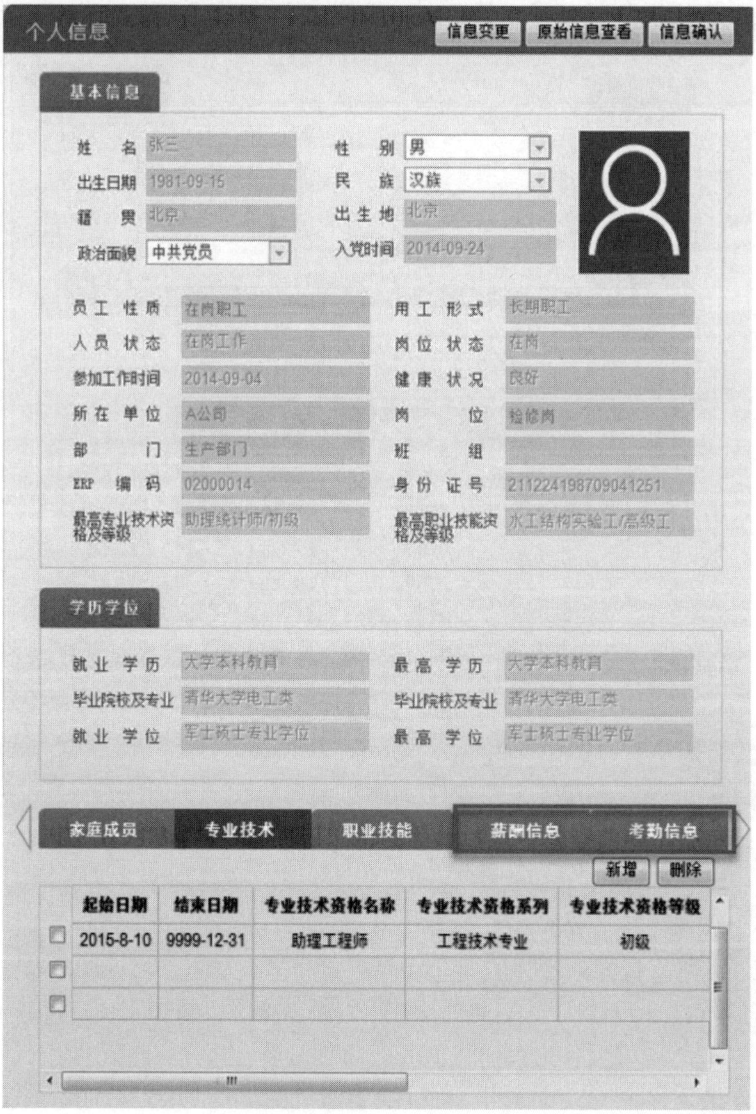

图 7-6　个人信息查询

7.2 统 计 报 表

7.2.1 统计报表概述

人力资源统计报表是按照统一的表格形式、报送程序和报表时间，以行政手段自上而下布置，而后自下而上层层汇总上报逐级提供人力资源基础数据的一种调查方式。它全面、客观、真实地反映了统计对象的人力资源工作整体情况，为企业的经营决策提供科学依据和有力支持。人力资源统计报表管理是企业人力资源管理部门对各层级单位的人力资源统计报表进行数据填报、审核、汇总和输出的全过程管理。报表主要统计以下几方面内容：

（1）组织机构设置。主要反映本单位组织机构设置及人员配备情况。

（2）员工配置。主要反映本单位用工总量、职工结构及职工人数变动情况。

（3）人工成本。主要反映本单位各类用工的工资总额、人工成本等情况。

（4）福利保障。主要反映本单位报告期内福利及保险支出的相关情况。

（5）绩效考核。主要反映本单位员工的工作任务完成情况、员工的工作职责履行程度和员工的发展情况。

（6）培训开发。主要反映本单位各级各类人才的教育培训情况，为制定人才政策提供依据。

（7）人力资源计划。主要反映本单位的人力资源计划指标执行情况，并与上年同期进行对比。

电网企业通过人力资源统计管理，优化统计流程，提升统计数据的准确性和及时性，以丰富的数据、图表支撑人力资源科学管理。也为企业决策层提供了高级的统计分析和量化的辅助决策信息，从而提高决策的科学性和合理性。

7.2.2 统计报表的管理流程

统计报表管理流程主要涉及各单位业务部门与各级人力资源部门，系统应用如图 7-7 所示。

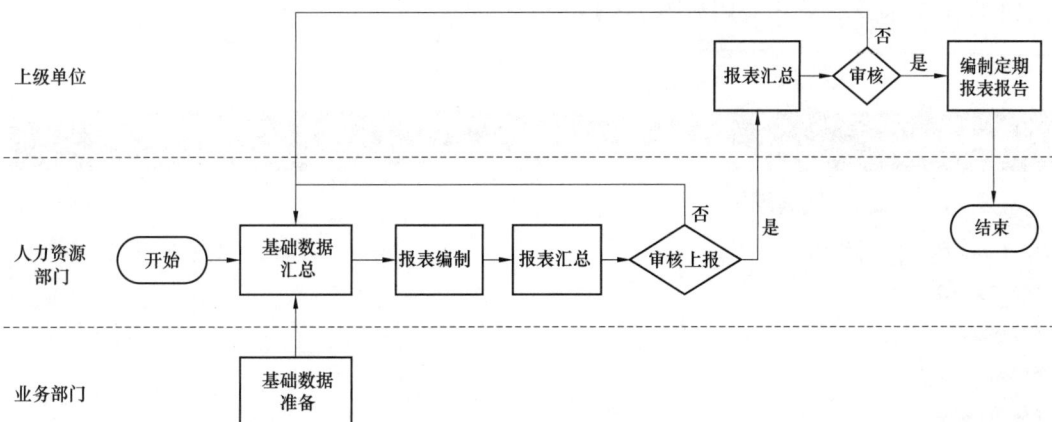

图 7-7 统计报表管理流程

以上流程要点及各部门职责如下：

（1）上级单位负责制订、实施本单位和下属单位的统计报表计划和统计报表制度，提出人力资源统计需求，组织领导和综合协调统计报表工作。

（2）人力资源部按照统计报表制度，报送和提供统计资料，将统计调查取得的统计资料和情况加以整理、分析，上报上级单位，并提出本单位统计分析报告。

（3）各业务部门应如实提供相关的统计资料和基础数据，对报出的各种统计数据的真实性、准确性、及时性负责。

7.2.3 统计报表的应用

ERP HR 统计报表功能可以处理各统计单位的上报数据，并产生月、季、年汇总表，生成任意月份、指标组合、统计单位分类的报表，实现了劳动统计数据的分类、汇总、编制、校验、审核。为各级部门实现数据共享和分级灵活查询提供支撑。

【案例】

以某电网开展 2015 年的月度报表编制工作为例，介绍统计报表编制的全过程。

1. 报表数据校验

通过报表数据校验，完成报表所需的基础数据自动检查和准备工作，为下一步生成报表打好数据基础，系统应用如图 7-8 所示。

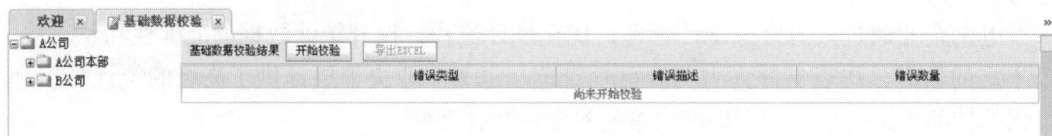

图 7-8　统计报表数据校验

2. 报表基础数据库生成

ERP HR 为报表编制人员自动汇总本单位及下属单位的报表基础数据，生成报表编制所需的基础数据库，系统应用如图 7-9 所示。

图 7-9　基础数据库生成

3. 报表编制

按照某电网企业报表统计周期要求，各单位报表编制人员开展 2015 年 7 月份的报表编制工作，系统应用如图 7-10 所示。

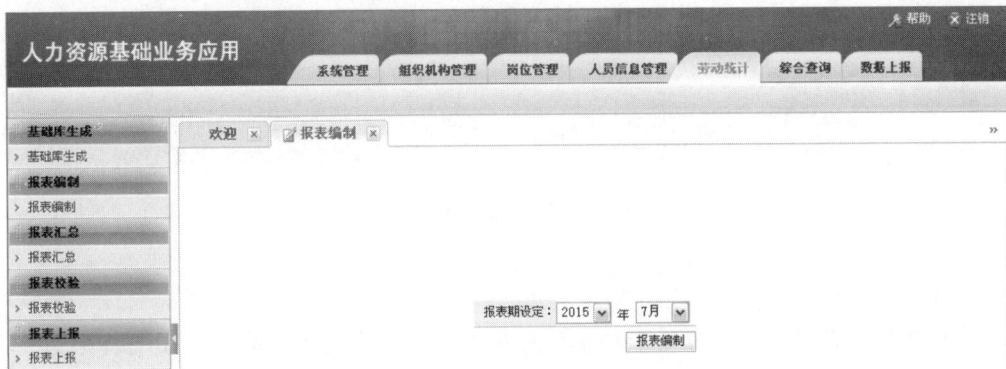

图 7-10　编制报表

4. 报表汇总

在所有下属单位完成报表编制工作后，某电网企业利用 ERP HR 内置的报表汇总公式，完成各单位的报表汇总工作，系统应用如图 7-11 所示。

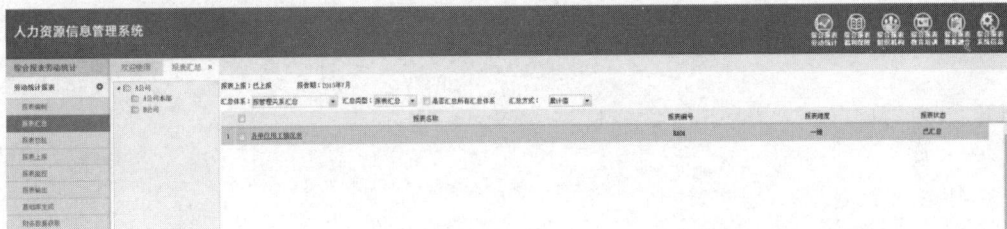

图 7-11　报表数据汇总

5. 报表校验

统计报表编制完成后，ERP HR 提供校验功能，利用报表的表栏关系对报表数据进行校验，同时可以根据数据来源定义，从基础数据库中自动取数并与报表统计结果进行比对校验，以保证报表数据的准确性，系统应用如图 7-12 所示。

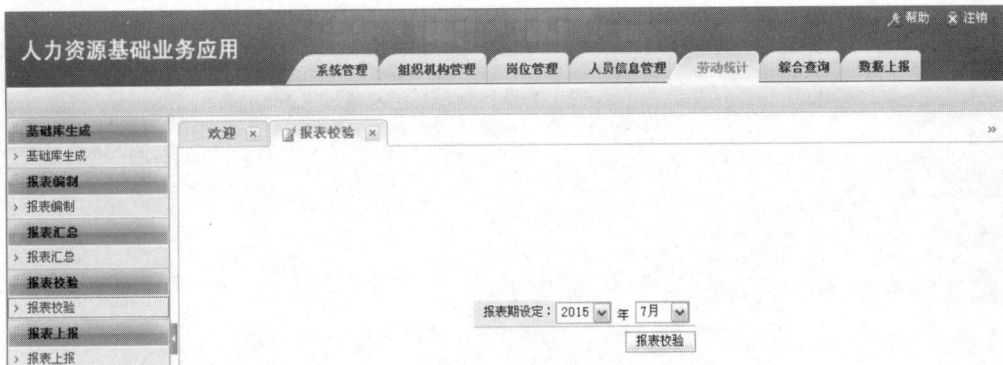

图 7-12　报表校验

6. 报表输出

完成报表校验后，某电网企业可将报表输出为 EXCEL 文件，方便报表的传递和分发，系统应用如图 7-13 所示。

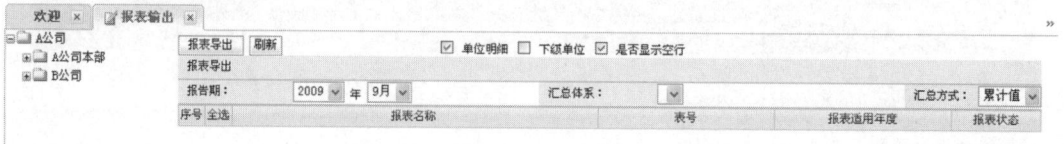

图 7-13　报表输出

7. 报表可视化

（1）电网企业用工情况分析。对统计分析报表中产生的电网企业人员总体数量，专家情况、年龄、学历、职称等情况进行图形化展示设计，对电网企业总体用工进行展示，便于人力资源管理者开展相关分析，系统应用如图 7-14 所示。

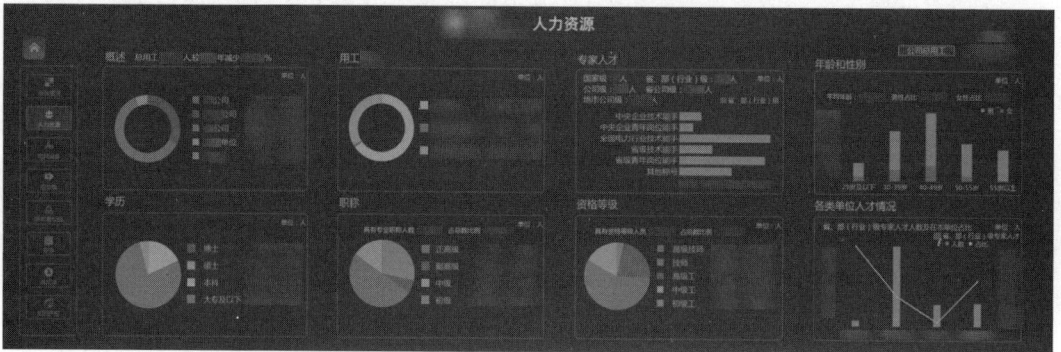

图 7-14　人力资源总体情况展示

（2）人力资源主要指标展示。通过对人力资源相关指标和数据进行统计，利用可视化手段，对指标进行展示与分析，系统应用如图 7-15 所示。

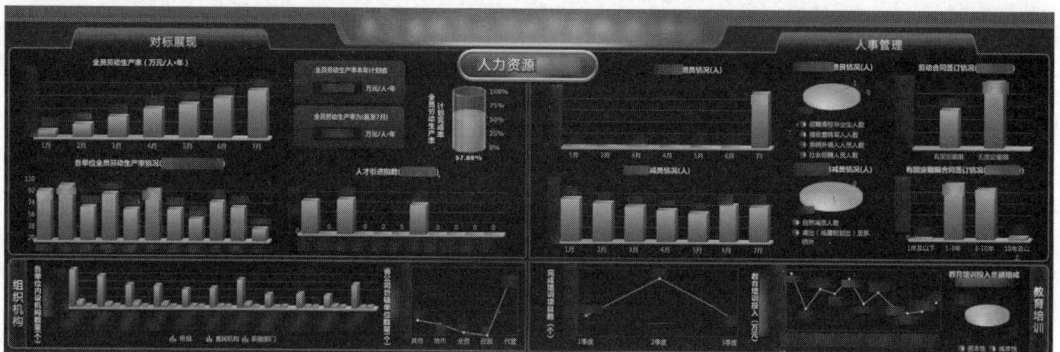

图 7-15　人资主要管理指标展示

（3）人力资源统计指标穿透分析。通过对人力资源统计指标进行分析,总结职工人数、组织管理、员工培训与发展、人员素质、人员效率五个部分的综合性监测指标。对人力资源管理中的组织管理、人事管理、教育培训、劳动统计等业务进行监测与分析,并通过数据追溯,进一步分析下属单位的指标完成情况,系统应用如图 7-16 所示。

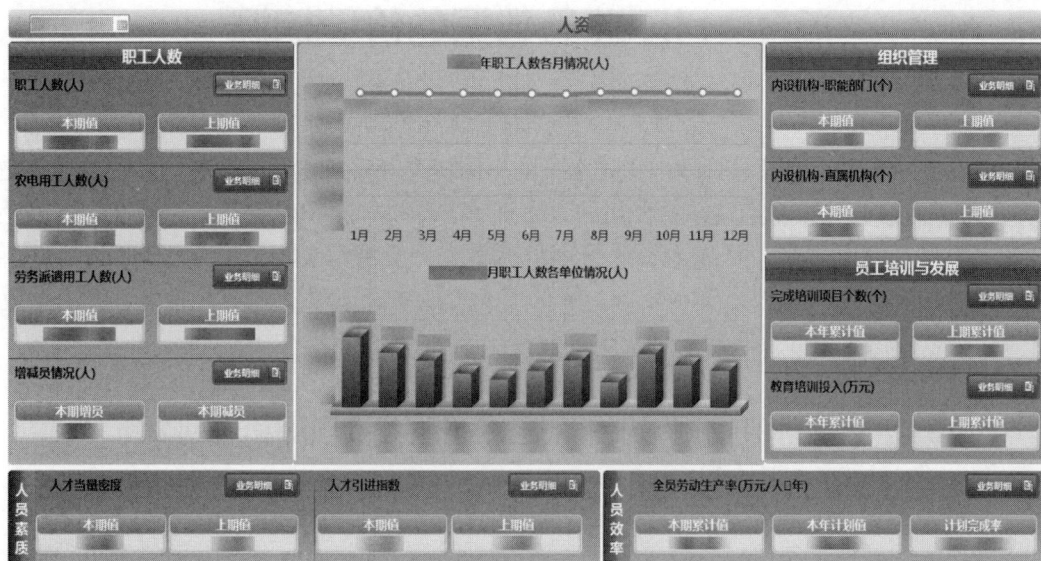

图 7-16　人资统计指标穿透分析页面

8

ERP HR 业务数据的价值挖掘

随着电网企业人力资源管理信息化水平的不断提升及信息化覆盖面的渐趋完善，ERP HR 产生了海量的数据。本章结合公司的人力资源各项指标，积极探索业务数据价值，设计挖掘主题，制定规则，从人力资源管理角度对人力资源信息库中的数据进行多维度、深层次的挖掘，提升了人力资本效益，降低了人工成本，拓展了员工发展渠道，为企业决策层决策提供了综合全面的信息支撑。

8.1 数据价值挖掘场景：某电网企业人资预测和规划分析

8.1.1 挖掘目标的提出

随着电网规模迅速扩展、装备技术水平持续提升以及优质服务压力日趋严峻，企业人力资源紧缺问题日益突出，已经成为企业和电网发展的制约因素。电网企业每年不断补充高素质人才，但传统员工培养模式重岗位培训，轻个人发展规划，员工成长与企业发展契合度有待加强。如何从现有员工基础数据入手，实现精准的引进人才、留住人才及科学地培养人才，已经成为电网企业人力资源管理迫切需要解决的问题。

8.1.2 挖掘做法与过程

视角 1：人力资源需求预测分析

结合劳动定员标准和定员台账统计模板，从营销系统、生产设备管理系统、企业管理信息系统、调度管控系统、财务管控、人资管控等系统整理与用工总量存在关联的各项业务指标，研究用工总量与各业务指标之间的内在联系，分析业务变化对用工需求的影响和数量关系，采用关键驱动因素法，建立公司人力资源总量需求预测模型，模型为

$$y = 5.686 \times 10^{-6} f^3 - 90.827 f + 141698.216 \tag{8-1}$$

$$f = 0.259 \times L + 0.256 \times C + 0.254 \times N + 0.25 \times P \tag{8-2}$$

式中：y 为公司人力资源的需求预测值；f 为各关键驱动指标拟合后的公因子；L 为输电线路长度；C 为变电容量；N 为营业用户数；P 为售电量。

预测可知，公司"十三五"规划人力资源需求总量将分别增长 1%、1.5%、3.4%、2.5%。

依据人力资源需求预测结果，一是科学编制了公司"十三五"人力资源规划，系统谋划五年发展目标和工作任务；二是编制了年度人力资源计划和补员计划，实现了公司

表 8-1 预测结果一览表

年份	预测结果	实际人数	差异人数	差异率	增长人数	增长率
2016	1999	2002	3	0.15%	—	—
2017	2022	—	—	—	20	1.0%
2018	2052	—	—	—	30	1.5%
2019	2122	—	—	—	70	3.4%
2020	2175	—	—	—	53	2.5%

员工入口的精准招聘和人力资源的优化配置，有效缓解了人力资源短缺问题和结构性缺员矛盾。

视角 2：能岗匹配和岗位胜任力分析

提取岗位说明书中的岗位信息数据和关键指标，建立能岗匹配的岗位模型指标体系，分析员工与岗位之间的能岗匹配情况，探索建立能岗匹配和岗位胜任力模型体系，模型为

$$p\sum_{i=1}^{n} W_i X_i + q\sum_{j=1}^{n} W_j X_j \qquad (8-3)$$

式中：X_i 为其员工能力与岗位要求匹配程度评价的分数；Y_j 为其工作意愿与工作报酬和职业发展匹配程度评价的分数；p 为员工能力与岗位要求匹配总的权重，q 为员工的工作意愿与工作报酬和职业发展匹配总的权重，且 $p+q=1$；W_i 为每个量化 X_i 对应的权重，并且 $\sum_{i=1}^{n} W_i =1$；W_j 为每个量化 Y_j 对应的权重，并且 $\sum_{j=1}^{n} W_j =1$。

根据此能岗匹配模型量化标准计算每个岗位与员工的能岗匹配度，能岗匹配度区间为（0.0~1.0），能岗匹配度的分数在（0.8~1.0）为能岗匹配度高,（0.6~0.8）为较高,（0.4~0.6）为一般,（0.2~0.4）为较低，（0.2 以下）为很低。

根据分析结果，一是梳理明确并统一规范了 13 个部门 286 个岗位的职责要求、岗位胜任所需的素质能力，解决了原有岗位能力标准不清，方向不明的问题；二是完成 594 名员工的能岗匹配分析和岗位胜任力测评，并找出各岗位目前员工队伍能力素质上的长、短板，为各单位制定有针对性的培养目标和方案提供数据支撑。

视角 3：职业发展分析

基于 1999 年及以后入职的员工数据，从成长性、培训情况、薪酬体系和工作满意度等方面进行挖掘分析，掌握员工职业发展现状和存在的问题，探索员工成长的瓶颈与制约因素，为员工职业生涯发展提供指导。

（1）员工成长性挖掘分析。从职称等级、技能等级、学历学位、专家人才、高端人才、班组长、职务等七个指标看，上述员工在职称等级和技能等级方面提升较多，发展较快，积极性较高；专家人才通道的职业发展仍有较大提升空间；高端人才提升没有实现零的突破，高端人才培养提升亟待强化；班组长任职和职务任免提升得到有效发展，但受编

制限制，职务任免上升通道单一，提升空间有限，制约了员工的工作积极性。员工成长性挖掘分析如图 8-1 所示。

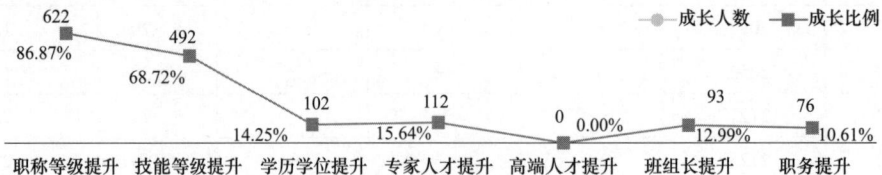

图 8-1　成长性挖掘分析

（2）员工培训情况挖掘分析。上述员工的年度各类培训累计 11241 人天，相当于有 54 名员工永远在培训或培训的路上；并且内部培训和本地培训只有 1752 人天，只占总体培训的 15.58%。挖掘分析发现，目前电网企业年轻员工培训总量庞大，但内部培训比重低，脱产外培比重大，这对基层生产工作安排和人力资源调配造成了一定的压力。同时通过将送培人次和工作量进行关联分析发现，在四、五月份施工的黄金季节和七、八月份迎峰度夏故障高发季节，员工的培训安排任务相对过重，员工在时间协调存在不可调和，导致工学矛盾突出，同时影响了培训效果。员工培训地点和时间如图 8-2 和图 8-3 所示。

（3）员工薪酬体系挖掘分析。分析发现，公司现面临着有一定量的员工存在薪级置顶和后续薪酬激励无法提升的局面，仅直属单位就有 416 名员工到达顶薪，占总人数的 36.88%；未来 6 年内到达顶薪的员工还有 247 人，占比 21.89%；说明现阶段公司岗位绩效工资体系将导致员工后续职业发展缺乏有效的激励，可能影响员工职业发展的主动性和积极性。根据分析结论，电网企业及时调整和修订了薪酬制度体系，确保了职业生涯发展具有持续激励作用。

（4）员工工作满意度调查分析。对上述员工进行抽样在线问卷调查发现，年轻员工对于薪酬待遇增长、福利保障提高、了解收入分配制度、参与讨论公司决策、职业发展等方面满意度较低，不满意度分别占比 64.2%、57.39%、85.80%、55.68%、60.8%。分析结论为公司掌握员工关注重点、设计员工职业发展、促进公司管理提升等工作提供了数

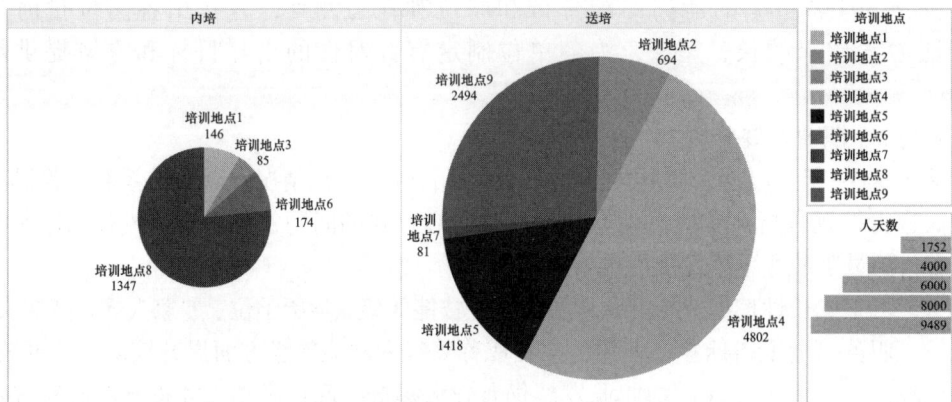

图 8-2　送培地点分布

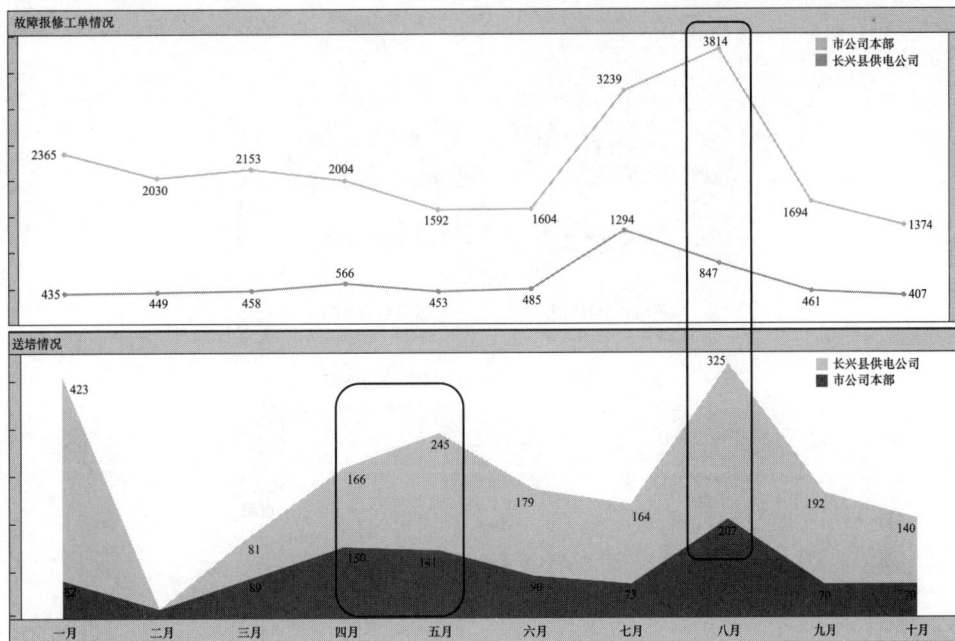

图 8-3　送培时间分布

据支撑。员工满意度调查如图 8-4 所示。

通过结论分析，电网企业为员工设计了 Y 型职业发展通道，如图 8-5 所示，搭建了职业发展和学习培养的导航系统，让员工更好地认识自己的优势和待提升领域。同时，为员工明确多维岗位成长成才路径，帮助员工探索制订有针对性和可操作性的个人职业发展规划。

8.1.3　案例应用

（1）支持企业"十三五"规划，指导企业招聘配置。一是根据 2016 至 2020 年的人力资源需求预测结果，科学编制了企业"十三五"人力资源规划；二是根据人力资源需求预测结果，编制的年度人力资源计划获上级部门的批准和肯定；三是根据能岗匹配结果，2014 至 2017 年根据人资计划按需择优录用 218 人，其中生产一线和紧缺专业分配比例达到 90%，实现了公司员工的精准招聘和人力资源的优化配置。

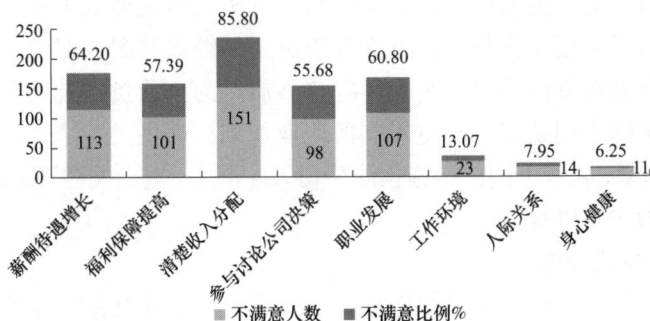

图 8-4　满意度调查

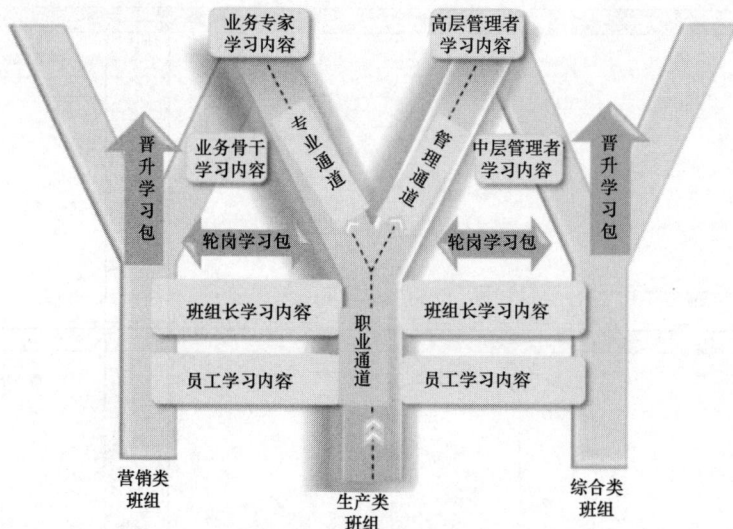

图 8-5　Y 型职业发展通道

（2）增强员工岗位适应能力，拓展能岗匹配应用广度和深度。通过能岗匹配的挖掘分析和应用，公司员工岗位适应能力不断增强，人力资源管理效率不断提升。2017 年上半年，公司全口径劳动生产率同比提升 24.35%；2017 年完成内部市场人员配置流动 63人次，用工配置均衡率提升了 9.7%。

（3）激励员工职业发展，持续增强企业核心竞争力。通过职业发展的挖掘分析和职业规划的指导应用，公司新增高端人才 7 名，增幅达 140%；新增技术专家人才 58 名，增幅达 276%；新增技能专家人才 80 名，增幅达 61.5%；人才当量密度达到 1.1715，同比增长 1.9%；技师、高级技师占技能人员比例 84.65%，同比提升 2.5%。

8.2　数据价值挖掘场景：某电网企业基于数据挖掘的人力综合评估方法创新与应用

8.2.1　挖掘目标的提出

在经济全球化和知识经济主导的趋势下，人力资源管理在提高企业竞争力、建立核心竞争优势中将扮演更为重要的角色。本创意在分析目前企业人力资源管理中存在局限性的基础上，引入了数据挖掘技术，首先分析员工的绩效状况，对员工的工作状态做出合理评估；再结合绩效分析结果评定人才综合素质，为企业挑选并储备优秀人才；根据人才综合素质评定的不同结果，制定不同的职业规划，提供员工个性化晋升指南；其次根据不同的评定结果，采取不同的措施预防公司人才流失，重点关注评分较高的优秀人才。

8.2.2　挖掘做法与过程

视角 1：员工绩效分析

人员绩效分析旨在分析员工工作态度、工作质量、工作技能等主客观因素和工作绩效的关系。通过整合员工工作任务、工作质量、工作技能、工作态度、绩效结果等数据，对影响因素进行量化，数据来源采用线上数据测算和线下主观评价两个方面。采用模型主要是基于 Gini Index（基尼系数）的 CART 决策树算法。

对公司员工工作情况进行量化统计，部分员工汇总情况见表 8-2 所示。

表 8-2　　　　　　　　　　　　　员工工作情况表

编号	工作任务	工作质量（主管评定）	工作技能	工作态度	绩效结果	编号	工作任务	工作质量（主管评定）	工作技能	工作态度	绩效结果
1	重	98	精通	认真	好	11	轻	93	精通	一般	差
2	重	93	一般	认真	差	12	轻	92	一般	一般	差
3	重	94	精通	认真	好	13	轻	93	精通	一般	差
4	轻	98	精通	认真	好	14	轻	94	精通	一般	差
5	轻	97	一般	认真	好	15	重	97	精通	认真	好
6	轻	92	精通	一般	差	16	重	96	一般	认真	好
7	轻	95	一般	一般	差	17	重	94	一般	认真	差
8	轻	95	一般	一般	差	18	轻	95	一般	认真	好
9	轻	90	精通	认真	差	19	轻	90	一般	认真	差
10	轻	92	一般	认真	差	20	轻	96	精通	一般	好

为了便于分析，将员工信息表中的工作任务、工作质量、工作技能及工作态度等作为决策属性，将绩效结果作为标示属性。由提供的数据计算出 4 个决策属性及相应子集的取值，属性子集取值结果见表 8-3 所示。

表 8-3　　　　　　　　属性取值及每个属性样本子集类别分布

工作属性	描述	绩效（好）	绩效（差）	总和
工作任务	重 轻 total	4 4 8	2 10 12	6 14 20
工作质量	≥ 95 < 95 total	7 1 8	2 10 12	9 11 20
工作技能	精通 一般 total	5 3 8	5 7 12	10 10 20
工作态度	认真 一般 total	7 1 8	5 7 12	10 10 20

利用 Gini Index 决策树算法计算每个属性的 Gini Index 值，取 Gini Index 值最小的属性作为当前要分裂的特征，即作为决策树的分裂结点，由此节点向下扩展最终生成决策树。

根据提供的数据，由算法计算出：Gini（工作质量）= 0.2465 < Gini（工作态度）= 0.3792 < Gini（工作任务）= 0.4190 < Gini（工作技能）= 0.46。

选择 Gini Index 最小的属性作为当前要分裂的特征，选择工作质量属性作为根节点并向下扩展生成决策树，如图 8-6 所示。

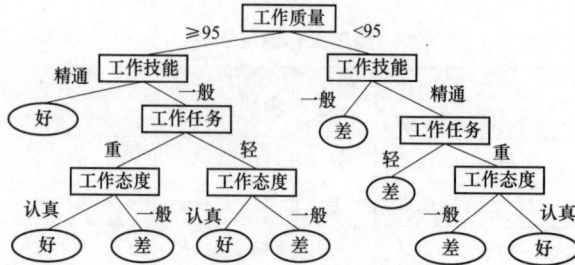

图 8-6 剪枝前的绩效决策树

构建决策树完成后，决策树中可能存在较多分枝和叶结点，需要对生成的决策树分枝进行剪枝。本文基于 Gini Index 的 CART 算法主要利用了后剪枝的方法对生成决策树进行剪枝。

通过上述模型可以对人力资源管理数据进行有效地分析计算，找到影响员工绩效的主客观因素，使分析与传统方法相比，更具有客观性和准确性，也表明 Gini Index 决策树方法应用于绩效管理是有效可行的，绩效分析的结果可以用于员工综合评分模型。

视角 2：员工综合评分

整合员工基础信息、绩效数据、工作能力数据、技能条件数据，而后运用层次分析法进行员工工作能力综合评估。数据来源采用线上数据测算和线下主观评价两个方面，其中主观评价得分由上级、同事、自身加权组成，权重分别为 50%、30%、20%。

将决策的目标、考虑的因素（决策准则）和决策对象按它们之间的相互关系分为最高层、中间层和最低层，绘出层次结构图，如图 8-7 所示。

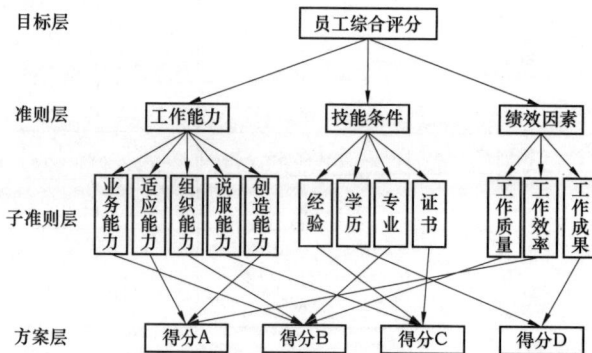

图 8-7 层次结构图

用两两重要性程度之比的形式表示两个方案的重要性程度等级，构建判断矩阵。表 8-4 列出 9 个重要性等级及其赋值（1-9 尺度）。以工作能力为例，建立的判断矩阵见表 8-5。

表 8-4   比例标度表

因素比因素	量化值
同等重要	1
稍微重要	3
较强重要	5
强烈重要	7
极端重要	9
两相邻判断的中间值	2，4，6，8

表 8-5   工作能力权重表

对比指标	业务能力	创新能力	适应能力	组织能力	说服能力
业务能力	1	3	5	7	9
创新能力	1/3	1	3	5	7
适应能力	1/5	1/3	1	3	5
组织能力	1/7	1/5	1/3	1	3
说服能力	1/9	1/7	1/5	1/3	1

　　通过 AHP 方法判断思维逻辑一致性，最终得到整个评价指标体系的权重表，如表 8-6 所示。通过指标体系的权重表即可计算每个员工的得分，分值区域可量化在 0~100 之间。将评分区间从大到小划分成几个阶段，再鉴定每个员工所属阶段，即对员工完成分类，60 分以下为 D，60~75 为 C，76~85 为 B，86~100 为 A。对评分分类为 C、D 的员工，利用员工晋升指南模型帮助其成长；评分分类为 A、B 的优秀员工，利用人才流失分析模型防止其流失。

表 8-6   评价体系权重表

目标层	准则层	子准则层	权重
员工综合评分	工作能力（0.35）	业务能力	0.51
		适应能力	0.13
		组织能力	0.06
		说服能力	0.04
		创造能力	0.26
	技能条件（0.3）	经验	0.35
		学历	0.3
		专业	0.2
		证书	0.15
	工作绩效（0.35）	工作质量	0.35
		工作效率	0.3
		工作成果	0.35

员工评分举例：对公司某员工 A 进行综合评分评价，根据子准则层得分（具体得分见表 8-7）以及权重可以计算出其综合评分为 83 分，可视化展示见图 8-8。

表 8-7　　　　　　　　　　　　　得分表

目标层	准则层	子准则层	权重	得分
员工综合评分（83）	工作能力（29）	业务能力	0.51	80
		适应能力	0.13	95
		组织能力	0.06	80
		说服能力	0.04	70
		创造能力	0.26	85
	技能条件（24）	经验	0.35	70
		学历	0.3	90
		专业	0.2	90
		证书	0.15	80
	工作绩效（30）	工作质量	0.35	85
		工作效率	0.3	90
		工作成果	0.35	80

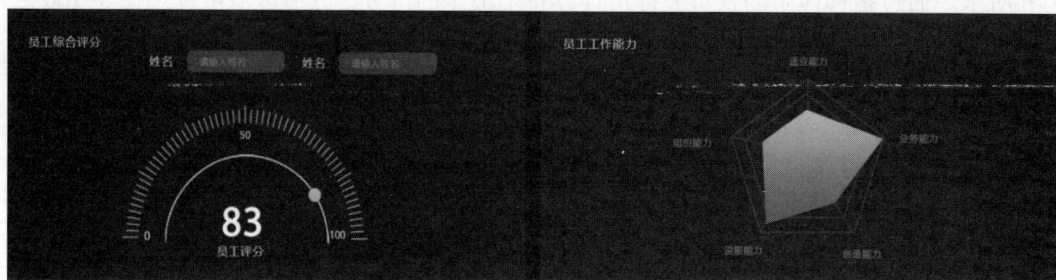

图 8-8　员工 A 综合评分及发展潜力评估

8.2.3　案例应用

（1）运用算法模型，深挖人资数据。随着减员增效和结构性缺员的日益发展，员工调动日趋频繁，通过归集员工数据，全面评测员工综合能力，一方面可以为公司在进行内部人力资源调配时提供合理方案；另一方面可以提升员工培训的针对性和匹配度。

对公司员工 A 进行绩效评估，领导对其工作质量打分 85，工作技能精通、工作任务重、工作态度认真，根据图 8-9 剪枝后的绩效决策树，可以得出员工 A 的绩效评定结果为好，可视化见图 8-10 所示。

通过对人力资源评价中数据挖掘的研究，修正了目前人才测评技术中定性分析不足的缺点，达到了定量分析与定性分析相结合，改变人力资源管理系统停留在信息管理层面的缺陷，尝试不同的算法、模型，利用直观清晰的图表，生动地展示了量化分析结果，充分发挥了数据的优势，挖掘了信息系统的潜力，达到了辅助决策分析的功能。

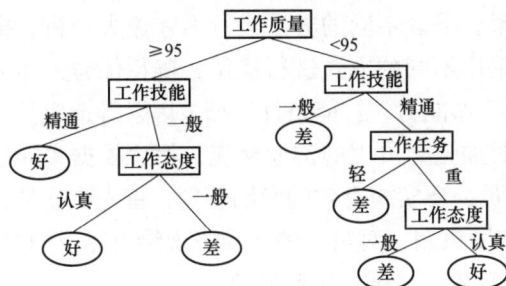

图 8-9 剪枝后的绩效决策树

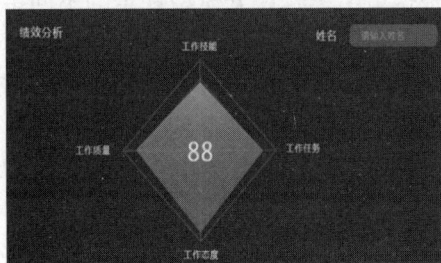

图 8-10 员工 A 绩效分析图

（2）剖析能力短板，助力员工晋升。针对低于 60 分的员工，首先分析造成其低分的原因，然后将员工 ID 及原因传送至相关部门，相关部门根据具体原因可通过针对性的措施手段进行员工能力提升干预。如对技能生疏的员工提供合适的技能培训，在干预一段时间后进行员工能力再次评价，若分数达到 60 分及以上，说明干预有效；若未达标，则将进行持续干预。

利用员工电子档案中处于管理者的员工数据，主要包含学历、技能等级、专业技术资格、工作经验、年龄等数据以及相关技能及证书的获取时间。通过数据可分析出成为一位管理者,在职业生涯的各个时期需要做些什么,需要获取哪些技能。对于评分结果为A、B 的优秀员工，根据自己当前的技能职称情况制定出一套合理的员工岗位晋升及技能职称提升建议。通过数据挖掘结果得知：成为一名管理者，在职称方面，入职后第一年获取助理工程师职称，获取助工满 4 年后获取中级职称，中级职称后获取副高职称，最后获取正高职称；在技能方面，大学本科新进一般建议考中级工，中级后满 3 年考取高级工，高级工后满 3 年考取技师，技师后满 4 年考取高级技师。

分析某员工 A 工作能力的薄弱项以及其当前职称及技能状况进行分析，结果见图 8-11，据此建议 A 员工应当加强个人组织能力和服从能力的提升，相关部门可以组织能力组织培训，关于服从能力可以进行思想宣贯，职称和技能方面该员工当前可以考取副高职称和获取技师技能。

（3）划分优秀人才，预防人才流失。通过人才流失模型的初步研究，分析划分易流失群体，根据实际情况通过展示企业人文关怀、岗位晋升、调薪等方式,提升员工的归属感,提前预防企业优秀人才流失，形成一个稳定的员工团体。

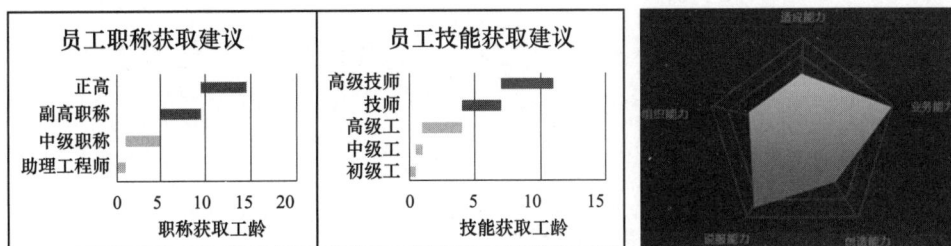

图 8-11 员工晋升建议

根据员工综合评分模型评定的不同结果，采取不同的方法进行人才流失分析，提前发现具有离职意向的员工，对不同的人群采用不同的方式进行挽留，避免优秀人才大量流失。对于评分为 C、D 的人员，首先分析工作能力、技能条件、绩效因素等造成员工评分低的主要原因，再进行具体分析，并及时加强与员工的沟通交流，然后根据实际情况积极采取挽留措施。对于评分为 A、B 的人员，要实施有效的激励管理，首先要让员工受到应有的重视和待遇，其次建立多样化的奖励机制，对员工的优异表现给予对应的奖励，最后要加强企业文化建设，营造良好的工作氛围，增强员工归属感。

参 考 文 献

[1] 张德 . 人力资源开发与管理 [M]. 北京：清华大学出版社，1996.

[2] 泰勒 . 科学管理原理 [M]. 北京：中国社会科学出版社，1984.

[3] 郑林霞 . 20 世纪人力资源管理经典理论回顾 [J]. 计算机世界，2001（6）：26.

[4] 刘萍 . 人力资源资本化研究 [J]. 技术经济，2002（10）：22–25.

[5] 于尔铿 . 电力市场 [M]. 北京：电力出版社，1998.

[6] 曾鸣 . 电力市场理论与应用 [M]. 北京：电力出版社，2000.

[7] 杨浩 . 电力企业人力资源开发的新思路 [J]. 中国电力企业管理，2003（10）：45–47.

[8] 汪婕 . 浅议电力企业人力资源管理现状与实施对策 [J]. 才智，2011，07：352.

[9] 杨博 . 国有电力企业人力资源管理现状及提升方案浅析——以南方电网公司为研究实证 .

[10] 科技管理研究，2011，24：116–118.

[11] 耿欣 . 企业人力资源管理现状分析及提升探讨 [J]. 中小企业管理与科技（下旬刊），2013，
　　 11：38–39.

[12] 康虹 . 电力企业人力资源管理现状与改善措施 [J]. 现代经济信息，2013，19：161.

[13] 寿猛生 . 走进电力 ERP[M]. 浙江：浙江大学出版社，2014.

[14] 吕泽萍：《基于胜任力素质的电力企业领导力开发》，载《人才资源开发》，2015 年第 6 期，
　　 第 35 页 .

[15] 邵红英 . 分析国有企业人力资源管理存在的弊端和应对方法 [J]. 中国商论，2016（1）：37–
　　 38，39.

[16] 马丽鸣 . 浅析国有企业人力资源管理存在的问题和解决方法 [J]. 中国管理信息化，2016，
　　 19（23）：108–110.

[17] 王婧，任爱军 . 我国国有企业人力资源管理问题及对策浅谈[J]. 北京石油管理干部学院学报，
　　 2016，23（5）：77–79.

[18] 凌卫家，施永益 . 数说电网运营：电网企业运营大数据分析案例集萃 [M]. 北京：中国电力
　　 出版社，2016.